RED
DIRECTORY

The
JAPANESE
menu

6 languages

Guide to Authentic Japanese Cuisine
Guide de l'authentique cuisine japonaise
Ihr Ratgeber für japanische Küche
Guía de la auténtica cocina japonesa
日本料理简介
정통 일식 안내

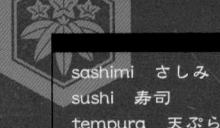

sashimi さしみ	4
sushi 寿司	6
tempura 天ぷら	8

yaki-mono 焼き物

yaki-tori 焼鳥	10
buri no teri-yaki 鰤の照り焼き	12
sanma no shio-yaki さんまの塩焼き	14
buta no shōga-yaki 豚の生姜焼き	16
teppan-yaki 鉄板焼き	18
okonomi-yaki お好み焼き	20

age-mono 揚げ物

ton-katsu とんかつ	22
kushi-age 串揚げ	24

nabe-mono 鍋物

yose-nabe 寄せ鍋	26
suki-yaki すき焼き	28
shabu-shabu しゃぶしゃぶ	30
oden おでん	32

domburi-mono 丼物

katsu-don かつ丼	34
gyū-don 牛丼	36
oyako-don 親子丼	38
una-jū うな重	40

men-rui 麺類

kitsune-udon きつねうどん	42
zaru-soba ざるそば	44
rāmen ラーメン	46

gohan-mono 御飯物

karē-raisu カレーライス	48
takikomi-gohan 炊き込み御飯	50
o-cha-zuke お茶漬け	52

chawan-mushi 茶碗蒸し	54
suno-mono 酢の物	56
o-suimono & miso-shiru お吸い物・味噌汁	58
tsuke-mono 漬け物	60
shōkadō bentō 松花堂弁当	62

En Ⓥ = vegetarian version usually available
F Ⓥ = existe aussi en version végétalienne
D Ⓥ = veganische Variante meistens auch erhältl
Es Ⓥ = se suele ofrecer también una versión vegetar
C Ⓥ = 适用于素食者
K Ⓥ = 일반적으로 채식메뉴도 가능합니다.

日本食
nihon-shoku

- **En** About Japanese food
- **F** Quelques mots sur la cuisine japonais
- **D** Wissenswertes über japanische Speisen
- **Es** Todo sobre la comida japonesa
- **C** 关于日本食品
- **K** 일식에 관하여

65

会話
kaiwa

- **En** Useful phrases
- **F** Phrases utiles
- **D** Nützliche Redewendungen
- **Es** Expresiones útiles
- **C** 常用会话
- **K** 도움이 되는 표현들

89

メニューと言葉
menu to kotoba

- **En** Menus & glossary
- **F** Menus & glossaire
- **D** Menüs & Glossar
- **Es** Menús & glosario
- **C** 菜谱&词汇表
- **K** 메뉴와 표현

97

SASHIMI

Raw fish and shellfish
fish / shellfish
Only served very fresh. Eat at the start of the meal to enjoy the delicate flavors, dipped in a mix of **shōyu** and **wasabi**.

Poisson et fruits de mer crus
poisson / fruits de mer
Toujours servi très frais. A déguster en début de repas, avec un mélange de **shōyu** et de **wasabi**.

Roher Fisch & rohe Muscheln
Fisch / Meeresfrüchte
Wird ganz frisch serviert. Gut als Vorspeiser, getunkt in eine Mischung aus **Shōyu** und **Wasabi**.

Pescado y marisco crudo
pescado / marisco
Se come muy fresco como entrante para disfrutar de su delicado sabor. Se unta en **shoyu** y **wasabi**.

生 鱼片
鱼类/贝类
均为最新鲜的鱼类或贝类。在正餐开始时食用，佐之酱油与辣根，味道更妙。

생 선회 & 조개류
생선 / 조개류
신선한 것들만 제공됩니다. 섬세한 향을 즐기기 위해서 식사를 시작하실 때 드십시오. 와사비 간장에 찍어 드십시오.

SUSHI

Seafood and rice fingers
fish / shellfish ⓥ
    Slivers of fish and shellfish, cooked or raw, served on sweet vinegared rice, often with **wasabi**. Dip in **shōyu**.

Bouchées de poisson et de riz
poisson / fruits de mer ⓥ
    Copeaux de poissons et de fruits de mer, cuits ou crus, sur riz au vinaigre, souvent avec **wasabi**. A tremper dans du **shōyu**.

Roher Fisch auf Reis
Fisch / Meeresfrüchte ⓥ
    Meeresfrüchte oder Fisch, roh oder gekocht, auf mariniertem Reis, oft mit **Wasabi**. In **Shōyu** tunken.

Delicias de marisco y pescado
pescado / marisco ⓥ
    Tiras de pescado y marisco, crudo o cocinado, con arroz agridulce y **wasabi**. Se untan en **shōyu**.

海 鲜米饭卷
鱼/贝类
    糖醋米饭加之生（或熟）鱼肉条和贝类，经常放入辣根佐味，醮酱油食用。

해 산물 & 김밥(마끼)
생선 / 조개류 ⓥ
    생선과 조개류의 구이 또는 날것이 초밥과 곁들여 제공됨. 와사비를 곁들이기도 합니다. 간장에 찍어 드세요.

TEMPURA

Japanese fritters
fish / shellfish

Seafood or vegetables in crispy egg batter. Dip in radish and **ten-tsuyu** sauce, or just add salt and lemon.

Beignets japonais
poisson / fruits de mer

Beignets de fruits de mer ou légumes. A tremper dans un mélange de radis et **ten-tsuyu** ou assaisonner avec sel et citron.

Backteighappen
Fisch / Meeresfrüchte

Meeresfrüchte oder Gemüse in Backteig. In Rettich und **Ten-tsuyu** tunken oder mit Salz und Zitrone essen.

Frituras japonesas
pescado / marisco

Marisco o verdura con gabardina crujiente. Se untan en una mezcla de rábano y **ten-tsuyu**, o se les pone sal y limón.

日式油炸食品
鱼类/贝类

海鲜或蔬菜外裹鸡蛋糊。蘸只加盐和柠檬的萝卜泥天妇罗汁食用。

일식 튀김
생선 / 조개류

바싹바싹한 튀김안에 해산물 또는 야채가 들어있습니다. 무우를 섞은 덴뿌라간장에 찍어 드세요. 또는 소금과 레몬즙을 곁들여 드세요.

YAKI-TORI

Charcoal-grilled chicken
meat
Skewers of choice morsels, grilled with **tare** or salt, and sprinkled with **shichimi** spice. Typically served with evening drinks.

Poulet grillé sur charbon de bois
viande
Brochettes de poulet grillé, avec **tare** ou sel, parfois servi avec **shichimi**. Amuse-gueule typique.

Huhn vom Holzkohlengrill
Fleisch
Spießchen, mit **Tare** oder Salz gegrillt, oft mit **Shichimi** bestreut. Meist am Abend zu Drinks serviert.

Pollo a la parrilla
carne
Brochetas de trozos a elegir, asados con **tare** o sal, y rociados de **shichimi**. Se suelen tomar por la noche, con las copas.

炭 烤鸡肉
肉类
用精选肉串,加调料汁和盐以炭火烤,同时佐以七味粉,是晚餐小酌的良伴。

숯 불 닭 꼬치구이
육류
한입용 닭산적. 꼬치용 간장 또는 소금을 간으로 하고 굽습니다. 그 위에 시치미 고춧가루를 뿌립니다. 저녁 술 안주로 최적입니다.

BURI NO TERI-YAKI

鰤の照り焼き

Glazed, grilled yellowtail
meat / fish
　　　Fish steak basted in **shōyu, mirin, sake** and sugar. Slightly sweet. Chicken **teri-yaki** is also very popular.

Sériole grillée avec glaçage
viande / poisson
　　　Steak de poisson enduit de **shōyu, mirin, sake** et sucre. La version poulet est aussi très populaire.

Gegrillter, glasierter Gelbschwanz
Fleisch / Fisch
　　　Fischsteak in **Shōyu, Mirin, Sake** und Zucker. Leicht süß. Ebenfalls beliebt ist Huhn **Teri-yaki**.

Sorel glaseado a la parrilla
carne / pescado
　　　Filete de pescado (o pollo) untado en **shōyu, mirin, sake** y azúcar. Sabor ligeramente dulce.

红烧鲕鱼
肉类/鱼类
　　　鱼排浇汁，汁以酱油、料酒、米酒和糖调制而成。微甜。红烧鸡肉也很受欢迎。

방어(부리)의 데리야끼
육류 / 생선
　　　간장, 미린, 정종, 설탕으로 양념을 한 생선구이. 약간 단맛이 납니다. 데리야끼 치킨 또한 인기가 많습니다.

SANMA NO SHIO-YAKI

さんまの塩焼き

Grilled, salted saury
fish
 Tasty autumn fish prepared by a simple, classic method. Salt keeps the flesh moist and enhances the natural flavor.

Orphie maquereau en croûte de sel
poisson
 Recette simple et classique très goûteuse. Poisson d'automne savoureux et moelleux enrobé dans sa couche de sel.

Salzgegrillter Makrelenhecht
Fisch
 Schmackhafter Herbstfisch, klassisch zubereitet. Salz erhält den Fisch saftig und betont den Geschmack.

Paparda asada a la sal
pescado
 Sabroso pescado de otoño. La sal mantiene la carne jugosa y realza su delicado sabor.

炭 火烤秋刀鱼，佐盐
鱼类
 鲜美无比的秋刀鱼，以简单、古典制法制成。盐起到保持鱼肉鲜嫩与增加自然鲜味的作用。

꽁치 소금구이
생선
 간단하면서도 전통적인 방법으로 준비된 맛있는 가을 생선입니다. 소금이 살코기의 수분을 보존해주며 천연의 향도 돋구어 줍니다.

BUTA NO SHŌGA-YAKI

豚の生姜焼き

Pork and ginger stir-fry
<u>meat</u>
   Fried with **shōyu, sake, mirin** and ginger. Sweet and succulent. Good lunch with shredded cabbage.

Sauté de porc au gingembre
<u>viande</u>
   Frit avec **shōyu, sake, mirin** et gingembre. Délicat et succulent. Délicieux déjeuner avec émincé de choux.

Kurz gebratenes Schweinefleisch
<u>Fleisch</u>
   Mit **Shōyu, Sake, Mirin** und Ingwer gebraten. Süß u. saftig. Gut als Mittagessen mit gehobeltem Kraut.

Fritura de cerdo y jengibre
<u>carne</u>
   Frito con **shoyu, sake, mirin** y jengibre. Dulce y suculento. Con col rallada, ideal para la comida.

生姜烤肉
<u>肉类</u>
   以醬油、米酒、料酒和生姜为佐料烤制而成。微甜多汁。若辅之以少量卷心菜则可成为上等午餐。

돼지고기 생강볶음
<u>육류</u>
   간장, 정종, 미린과 생강을 간으로 맞추고 굽습니다. 달콤하고 국물이 있습니다. 썰은 양배추와 드시면 좋은 점심식사로 됩니다.

TEPPAN-YAKI

鉄板焼き

Griddle-fried steak
meat / fish / shellfish
   Theatrically fried at the table with vegetables and **tare**. Japanese-American fusion dish, also made with fish.

Steak frit sur plaque en fonte
viande / poisson / fruits de mer
   Frit devant convives avec légumes et **tare**. Recette américano-japonaise, existe aussi en version poisson.

Grillsteak
Fleisch / Fisch / Meeresfrüchte
   Amerikanisch-japanische Speise, bei Tisch gebraten, mit Gemüse und **Tare**. Auch mit Fisch erhältlich.

Bistec a la plancha
carne / pescado / marisco
   Se asa en la misma mesa con verduras y **tare**. Plato americano y japonés, también se hace con pescado.

铁 板烧烤
肉类/鱼类/贝类
   可与蔬菜调味汁一起在餐桌上烧烤，具有美日混合风味，也可以鱼肉为原料。

철 판구이 스테이크
육류 / 생선 / 조개류
   야채와 전용소스를 사용하여 테이블 퍼퍼먼스를 하면서 요리합니다. 미국식과 일식을 혼합한 퓨젼 요리입니다. 생선을 자료로 사용하기도 합니다.

OKONOMI-YAKI

お好み焼き

As you like it pancake
meat / shellfish
Choice of savory ingredients in batter. Fried at your table, brushed with sauce, and garnished generously.

Crêpe fantaisie
viande / fruits de mer
Crêpes aux divers ingrédients salés, préparées devant les convives, avec sauce et abondante garniture.

Omelett nach Wunsch
Fleisch / Meeresfrüchte
Salzige Zutaten nach Wunsch in Backteig. Bei Tisch gebraten, mit Soße überzogen, üppig garniert.

Torta al gusto
carne / pescado
Masa a la que se añaden sabrosos ingredientes. Las tortas se preparan en la mesa y se untan con salsa.

杂样煎菜饼
肉类/贝类
精选多种美味品种。可在餐桌上烧烤。涂调料汁食用，装饰配菜。

부침과 같은 것입니다
육류 / 조개류
취향에 맞는 맛 좋은 재료로 반죽을 만듭니다. 테이블에서 굽습니다. 소스를 바릅니다. 그리고 고명을 약간 곁들입니다.

TON-KATSU

とんかつ

Breaded pork cutlet
meat

Deep-fried and served with shredded cabbage and special thick brown sauce. A popular lunch.

Côtelette de porc panée
viande

Frit et servi avec émincé de choux et une épaisse sauce brune spéciale. Constitue aussi un déjeuner populaire.

Paniertes Schweinskotelett
Fleisch

Frittiert, als Beilage gehobeltes Kraut. Wird mit dicker brauner Soße serviert. Beliebtes Mittagessen.

Costilla de cerdo rebozada
carne

Se fríe en aceite y se sirve con col rallada y una salsa marrón espesa. Buena opción al mediodía.

炸猪排
肉类

油炸制成，佐以切片的卷心菜和特制棕色调料。很热门的午餐。

돈까스
육류

충분히 튀긴 고기와 잘게 썬 양배추와 전용 소스가 곁들여집니다. 점심식사의 인기메뉴입니다.

KUSHI-AGE

串揚げ

Breaded kebabs
meat / fish / shellfish
　　Seafood, vegetables or meat, deep-fried and very tasty. Add favorite sauce, and bite from skewer.

Brochettes frites
viande / poisson / fruits de mer
　　Fruits de mer, légumes ou viande frits et très goûtés. Servi avec sauce de son choix, sur la brochette.

Panierte Spieße
Fleisch / Fisch / Meeresfrüchte
　　Meeresfrüchte, Gemüse oder Fleisch, frittiert, voller Geschmack. Lieblingssoße dazu und vom Spieß essen.

Pinchos rebozados
carne / pescado / marisco
　　Marisco, hortalizas o carne fritos y muy sabrosos. Untar en la salsa preferida y morder del mismo pincho.

炸 肉串
肉/鱼/贝类
　　以海鲜、蔬菜或肉为原料，油炸制成，味道鲜美。佐以特制沙司，取串食用。

꼬치 튀김
육류 / 생선 / 조개류
　　해산물, 야채 또는 고기를 맛깔나게 바싹 튀깁니다. 취향에 맞는 소스를 곁들여서 꼬치채 드십시요.

YOSE-NABE

Mixed hotpot
meat / fish / shellfish

Chef's choice of seafood, meat and vegetables simmered in rich stock at the table. Add delicate items last.

Potée variée
viande / poisson / fruits de mer

Sélection de fruits de mer, ou viande et légumes, mijotée devant les convives dans riche bouillon.

Gemischter Eintopf
Fleisch / Fisch / Meeresfrüchte

Vom Koch ausgewählte Zutaten in reichhaltiger Brühe bei Tisch gekocht, besonders zarte Stücke zuletzt.

Cocido variado
carne / pescado / marisco

Selección del chef, de marisco, carne y hortalizas. Se cuecen en un caldo concentrado, en la misma mesa.

火锅
肉/鱼/贝类

由厨师精选的海鲜、肉类和蔬菜，在餐桌上文火煨炖。主料最后放入。

모듬 냄비
육류 / 생선 / 조개류

요리사가 엄선한 해산물, 고기와 야채를 테이블에서 부글부글 끓입니다. 부서지기 쉬운 것들은 마지막에 넣으십시오.

SUKI-YAKI

すき焼き

Beef hotpot
meat

Beef slices browned and simmered in sauce, with vegetables and **shirataki**, at the table. Dip in beaten egg to eat.

Ragoût de bœuf
viande

Fines tranches de bœuf mijotées devant les convives dans sauce aux légumes et **shirataki**. A plonger dans œuf battu.

Rindfleischeintopf
Fleisch

Rindfleisch, bei Tisch mit Gemüse und **Shirataki** in Soße gegart. Zum Essen in geschlagenes Ei tauchen.

Cocido de ternera
carne

Rodajas finas de ternera doradas y hervidas en salsa, con verdura y **shirataki**. Se cuecen en la mesa y se untan en huevo.

牛素烧
肉类

上等牛肉，以特制沙司上色煨制，佐以蔬菜和粉条，置于餐桌。醮鸡蛋糊食用。

쇠고기 냄비요리
육류

얇게 썬 쇠고기를 갈색 소스를 바르고 야채와 시라타끼를 곁들여 테이블에서 부글부글 끓입니다. 계란 노른자에 찍어 드세요.

SHABU-SHABU

しゃぶしゃぶ

Beef fondue
meat

Named for the sound of beef swished in stock. Dip in **ponzu** or sesame sauce to eat. Can finish with **udon**.

Fondue de bœuf
viande

Nommé d'après le son du bœuf tourné dans bouillon. A tremper dans **ponzu** ou sauce au sésame. Parfois servi avec **udon**.

Rindfleischfondue
Fleisch

Rindfleischscheiben in Brühe gekocht. In **Ponzu** oder Sesamsoße tunken. Zuletzt evtl. **Udon** beifügen.

Fondue de ternera
carne

El nombre alude al sonido que hace la carne al agitarla en el caldo. Untar en **ponzu** o salsa de sésamo.

牛 肉火锅
肉类

因炖牛肉时火锅发出的声音而得名。醮作料橙子汁或芝麻酱食用。余下汤料可与面条一起食用。

쇠 고기 징기스칸
육류

냄비안에서 쇠고기가 끓을때 나는 소리를 따서 지은 이름입니다. 폰즈 또는 참깨소스에 찍어 드십시오. 마지막에 우동을 곁들여 드십시오.

ODEN

おでん

H odgepodge
meat / fish / gluten

Stewed hotpot. Wide choice includes fish balls, radish, **konnyaku** and boiled eggs. Served with mustard.

S almigondis
viande / poisson / gluten

Ragoût composé entre autres de boulettes de poissons, radis, **konnyaku** et œufs durs. Servi avec moutarde.

E intopf
Fleisch / Fisch / Gluten

Viele verschiedene Zutaten: Fischbällchen, Rettich, **Konnyaku** und gekochte Eier. Mit Senf serviert.

C ocido mixto
carne / pescado / gluten

Cocido con gran variedad de ingredientes: rábano, bolitas de pescado, **konnyaku** y huevo duro. Se sirve con mostaza.

杂烩
肉类/鱼/面筋

杂烩火锅。选料多样，包括鱼丸、萝卜、鬼芋和熟鸡蛋。佐以芥茉。

오뎅
육류 / 생선 / 면류

냄비 오뎅입니다. 생선 어묵, 무우, 콘냐꾸(곤약묵), 삶은 계란 등이 들어 있습니다. 겨자를 곁들여서 드세요.

KATSU-DON

Bowl of deep-fried pork
meat
   Ton-katsu soaked in egg, half-poached in sweet broth with onions, and served on rice. Common filling lunch.

Bol de porc frit
viande
   Ton-katsu trempé dans de l'œuf à peine poché dans bouillon sucré aux oignons. Servi sur lit de riz.

Schweinefleischschüssel
Fleisch
   Ton-katsu, in Ei getaucht, in süßer Brühe mit Zwiebeln pochiert, auf Reis. Beliebtes, sättigendes Mittagessen.

Bol con cerdo frito
carne
   Ton-katsu untado en huevo, semiescalfado en caldo dulce con cebolla. Se sirve acompañado de arroz.

排骨米饭
肉类
   猪排裹蛋糊，与洋葱一起放入甜肉汤中煮制而成，盖浇米饭。常适于充饥的午餐。

돈까스 덮밥
육류
   돈까스와 양파를 계란이 든 달짝지근한 국물에 함께 넣어 반숙상태로 조리한 뒤 밥위에 얹습니다. 충분한 점심식사로 자주 애용됩니다.

GYŪ-DON

牛  丼

Bowl of beef
meat
   Slivers of beef and onion lightly simmered in sweet broth, all poured over a large bowl of rice.

Bol de carne de ternera
carne
   Tiras de ternera y cebolla cocidas a fuego lento en caldo dulce. Se sirve con un buen bol de arroz.

Bol de bœuf
viande
   Domburi simple. Copeaux de bœuf et d'oignons mijotés dans bouillon sucré et servis sur grand bol de riz.

牛 肉盖浇饭
肉类
   精选牛肉条,加洋葱以甜肉汤煮制。盖浇米饭。

Rindsschüssel
Fleisch
   Rindfleisch- und Zwiebelscheiben, in süßer Brühe gekocht, über eine große Schale Reis gegossen.

쇠 고기 덮밥
육류
   얇게 썬 쇠고기와 양파를 달짝지근한 국물에 살짝 끓인뒤, 커다란 공기밥 위에 덮습니다.

OYAKO-DON

親子丼

Parent and child bowl
meat

Named for the chicken pieces and beaten egg, lightly cooked with onions in broth and served on rice.

Bol du parent et de son enfant
viande

Nommé d'après les morceaux de poulet et l'œuf battu, mijotés avec oignons et servis sur lit de riz.

Eltern-Kind-Schüssel
Fleisch

Hühnerfleischstücke (Eltern) und geschlagenes Ei (Kind) werden mit Zwiebeln in Brühe gekocht und auf Reis serviert.

Bol "madre e hijo"
carne

Su nombre se debe a los trozos de pollo y al huevo batido cocidos en caldo con cebolla a fuego lento. Se sirve con arroz.

亲子饭
肉类

因内有鸡肉和鸡蛋糊而得名。佐以洋葱文火烹饪, 盖浇米饭。

계란 & 닭고기 덮밥
육류

닭고기와 달걀로 만들어졌기에 지어진 이름입니다. 국물에 든 양파와 함께 살짝 조리한 뒤에 밥위에 얹습니다.

UNA-JŪ

うな重

Grilled eel in a box
fish
    Fillets charcoal-grilled with **tare** and served with rice in a lacquer box. Sprinkle with bitter **sansho**.

Boîte contenant anguille grillée
poisson
    Filets grillés sur charbon de bois avec **tare** et servis avec riz dans boîte laquée. A parsemer de **sanshō**.

Grillaal im Lackkästchen
Fisch
    Aalfillet mit **Tare** vom Holzkohlengrill, m. Reis im Lackkästchen serviert. Mit bitterem **Sanshō** bestreuen.

Caja con anguila a la barbacoa
pescado
    Filetes a la barbacoa con **tare**, se sirven con arroz en una caja de laca. Rociar con **sansho** amargo.

鳗鱼盒饭
鱼类
    精选鱼片，以炭火烤制，涂以调料汁，盖盛于漆盒的米饭。上面撒有花椒。

장어 덮밥
생선
    전용소스를 바른 생선을 숯불에 구운 뒤 네모난 통에 담긴 밥위에 얹습 니다. 산초가루를 곁들여 드십시오.

KITSUNE-UDON

きつねうどん

Fox's noodles
gluten

Hot broth with the sweet fried tōfu loved by the fox-god. Spice with **shichimi**. Also served as a **soba** dish.

Nouilles du renard
gluten

Bouillon chaud avec **tōfu** frit, prédilection du dieu renard. Assaisonner de **shichimi**. Existe aussi en version **soba**.

Nudeln für den Fuchs
Gluten

Der Fuchsgott soll süß gebratenen **Tōfu** lieben. Mit **Shichimi** gewürzt, auch als **Soba**-Speise erhältlich.

Fideos del dios-zorro
gluten

Caldo caliente con **tōfu** dulce frito; plato preferido del dios-zorro. Sazonar con **shichimi**. Puede hacerse con **soba**.

炸豆腐乌冬面
面类

热汤，内有油炸甜味豆腐。也可以用七味粉调味，作荞麦面配菜。

키쯔네 우동
면류

달짝지근한 유부가 뜨거운 국물위에 얹혀 있습니다. 시치미 고춧가루를 곁들여 드세요. 국수요리와 함께 제공됩니다.

ZARU-SOBA

ざるそば

Cold buckwheat noodles
gluten
Dip **soba** in cold tsuyu for a refreshing summer dish. To finish, add hot noodle water to **tsuyu** and drink.

Nouilles de sarrasin froides
gluten
Soba trempé dans **tsuyu** froid, rafraîchissant l'été. Boire ensuite l'eau de cuisson chaude des nouilles ajoutée au **tsuyu**.

Kalte Buchweizennudeln
Gluten
Erfrischende Speise für den Sommer. **Soba** in kaltes **Tsuyu** tauchen. Zuletzt heißes Nudelwasser zufügen und trinken.

Fideos fríos de alforfón
Gluten
Plato de verano, los **soba** se mojan en **tsuyu** frío, al que al final se le añade el agua caliente de hervir y se bebe todo junto.

笼屉荞麦面
面类
将荞麦面醮取凉的调味汁食用。夏季爽口佳品，最后可将热面汤充入调味汁饮用。

모밀국수
면류
여름철 더위를 식히기 위해 찬 쯔유(모밀장)에 소바(국수)를 찍어 드세요. 마지막에 뜨거운 국수를 끓인 물(소바유)을 모밀장에 부어서 드시면 좋습니다.

RĀMEN

Chinese egg noodles
meat / fish / gluten

Hot, meaty broth with roast pork, fish roll and bamboo. Other choices include wonton and bean sprouts.

Nouilles chinoises aux œufs
viande / poisson / gluten

Bouillon viandé chaud avec porc rôti, rouleaux de poisson et bambou. Existe aussi avec légumes sautés.

Chinesische Eiernudeln
Fleisch / Fisch / Gluten

Heiße Brühe mit Schweinebraten, Fischrolle und Bambus. Auch mit Wonton und Bohnensprossen möglich.

Fideos chinos de huevo
carne / pescado / gluten

Caldo caliente con cerdo asado al horno, rollitos de pescado y bambú. Otras versiones incluyen verduras sofritas.

中 国鸡蛋面
肉类/鱼类/面类

热汤料，配以猪肉、鱼丸和笋。也有将馄饨和豆芽作为配料的

라 면
육류 / 생선 / 면류

뜨거운 고깃국물에 돼지고기, 어묵, 죽순(멘마)이 들어있습니다. 만두와 콩나물을 사용하기도 합니다.

KARĒ-RAISU

Curry rice
meat / shellfish ⓥ

Mild or hot spicy sauce often left to develop flavor overnight. Introduced by 19th century British traders.

Riz au curry
viande / fruits de mer ⓥ

Sauce peu ou très pimentée, souvent préparée la veille. Introduite par des Britanniques au 19ième siècle.

Curryreis
Fleisch / Meeresfrüchte ⓥ

Mit milder oder scharfer Soße, wird zur Intensivierung des Geschmacks oft über Nacht stehen gelassen.

Arroz al curry
carne / marisco ⓥ

Salsa picante que se suele dejar reposar una noche para obtener un sabor más intenso. Origen anglo-indio.

咖喱米饭
肉类/贝类 ⓥ

选用清淡口味或辣口味调料，通常放置过夜以增强口味。最初由19世纪英国商人传入。

카레라이스
육류 / 조개류 ⓥ

담백한 또는 매콤한 소스를 밤새 끓여 향을 돋굽니다. 19세기에 영국상인에 의해서 처음 소개되었습니다.

TAKIKOMI-GOHAN

炊き込み御飯

Boiled mixed rice
meat ⓥ

Seasonal vegetables, stock and often chicken, boiled gently with rice to infuse flavors. Eaten as main dish.

Plat de riz mijoté
viande ⓥ

Légumes de saison, bouillon et souvent poulet, longuement mijotés avec du riz. Plat principal.

Gekochter gemischter Reis
Fleisch ⓥ

Hauptspeise mit Gemüse der Saison, Brühe und Huhn. Für intensiven Geschmack lange mit dem Reis gekocht.

Arroz hervido mixto
carne ⓥ

Plato principal. Verduras de temporada, caldo y a veces también pollo, hervido a fuego lento con arroz.

什锦煮饭
肉类

时令蔬菜，高汤，常佐以鸡肉，与米饭文火煨炖以滋进滋味。作为主菜食用。

여러가지 야채와 재료를 넣어서 지은 밥
육류 ⓥ

계절에 맞는 야채, 국(스프) 및 닭고기 등을 넣어서 밥을 지어 향을 돋굽니다. 메인 요리로 드십시요.

O-CHA-ZUKE

お茶漬け

Savory tea rice
fish

Rice topped with shreds of fish or pickles and covered with delicate stock or green tea. Good after drinks.

Riz au thé
poisson

Riz servi avec copeaux de poissons ou pickles et délicat bouillon ou thé vert. Agréable après de l'alcool.

Salziger Teereis
Fisch

Reis, zerpflückter Fisch oder Pickles, mit zarter Brühe oder grünem Tee übergossen. Beliebt nach Drinks.

Arroz al té
pescado

Arroz con trozos de pescado o encurtidos, regado con un caldo fino o con té verde. Ideal para acompañar las bebidas.

可 口茶水米饭
鱼类

上撒鱼条或泡菜并以高汤或绿茶浇盖。饮酒后食用更佳。

엽 차(녹차) 말이밥
생선류

밥위에 생선조각 또는 피클, 김, 녹차를 부어 드십시오. 음주후에 드시면 좋습니다.

CHAWAN-MUSHI

茶碗蒸し

Savory egg custard
meat / shellfish

A favorite side dish. Made with fish stock and often chicken, prawns or gingko nuts, and steamed to set.

Crème salée à base d'œuf
viande / fruits de mer

Plat d'accompagnement. Bouillon de poisson, souvent avec poulet, crevettes ou noix de gingko, cuits à la vapeur.

Salzige Eierspeise
Fleisch / Meeresfrüchte

Beliebte Beilage. Wird mit Fischbrühe, Huhn, Garnelen oder Gingkonüssen zubereitet und zum Stocken gedämpft.

Cuajada de huevo
carne / marisco

Entremés muy popular, con caldo de pescado y a veces pollo, gambas o nueces *gingko*, hecho al vapor hasta que cuaja.

茶碗鸡蛋羹
肉/贝类

可口的附加菜。以鱼汤或鸡汤并佐以虾仁或银杏仁蒸制而成。

일식 계란찜
육류 / 조개류

인기많은 사이드 디쉬입니다. 생선국 또는 닭고기국, 새우 또는 은행 등과 함께 쪄서 만들어집니다.

SUNO-MONO

酢の物

Vinegared salads
fish / shellfish

Served with **sake** or tea, as appetizers or to cleanse the palate. Delicacies include seaweed and jellyfish.

Salades au vinaigre
poisson / fruits de mer

Servies avec **sake** ou thé, en apéritif ou comme rafraîchissement. Raffinées avec algues ou méduse.

Marinierte Salate
Fisch / Meeresfrüchte

Mit **Sake** oder Tee als Häppchen vor oder zwischen Gängen serviert. Beliebt sind Algen und Quallen.

Ensaladas con vinagreta
pescado / marisco

Se sirven con **sake** o té, como aperitivo o entremés. Ingredientes singulares como algas y medusas.

醋拌凉菜
鱼/贝类

佐以米酒或茶，常作为开胃菜或清口菜，其中以海菜和海蜇尤为可口。

초가 가미된 새콤한 샐러드
생선 / 조개류

정종 또는 차와 함께 제공되며, 전채 또는 식사의 입가심으로 나옵니다. 김, 해파리 등이 들어있습니다.

O-SUIMONO & MISO-SHIRU

お吸い物・味噌汁

Soups
meat / gluten Ⓥ

Clear, delicate **o-suimono** may include chicken stock. **Miso-shiru** is very salty, often with **tōfu** or **wakame**.

Soupes
viande / gluten Ⓥ

O-suimono limpides parfois à base de bouillon de poulet. **Miso-shiru** goûteux, comprenant souvent **tōfu** ou **wakame**.

Suppen
Fleisch / Gluten Ⓥ

Klare, zarte **O-suimono** kann Huhn enthalten. **Miso-shiru** ist salzig und enthält oft **Tōfu** oder **Wakame**.

Sopas
carne / gluten Ⓥ

Las **o-suimono** claras y suaves pueden ser a base de caldo de pollo. Las **miso-shiru** suelen llevar **tofu** o **wakame**.

汤
肉/面筋 Ⓥ

清亮美味的清汤包括鸡汤。酱汤味道非常鲜美，常佐以豆腐和裙带菜。

국
육류 / 면류 Ⓥ

닭고기국을 포함한 상큼한 맛의 국입니다. 미소시루(미소된장국)는 두부나 미역 등과 함께 하시면 매우 좋습니다.

TSUKE-MONO

漬け物

Pickles
Essential for any meal. Made with salt, vinegar, **sake** lees or rice bran, more for flavor than to preserve.

Pickles
Accompagnent tout repas. Préservés dans du sel, vinaigre, **sake** ou son de riz dont ils tirent leur goût.

Pickles
Wichtig bei jeder Mahlzeit. Aus Salz, Essig, **Sake** Trebern oder Reiskleie, intensiviert den Geschmack.

Encurtidos
Esenciales para acompañar cualquier comida. Se hacen con sal, vinagre, poso de **sake** o salvado de arroz.

泡菜
适于所有食谱的菜肴。由盐、醋、米酒、酒糟及米糠制成。主要用于加味。

피클(장아찌)
모든 음식에 어울립니다. 소금, 식초, 정종찌꺼기, 쌀겨는 향을 돋구기 위해 첨가됩니다.

SHŌKADŌ BENTŌ

松花堂弁当

Calligrapher's box
meat / fish / shellfish

Haute cuisine of four different types of food. Named after a 17th century artist, for the paint box shape.

Boîte du calligraphe
viande / poisson / fruits de mer

Quatre types de nourriture très raffinée. Nommé d'après la boîte de couleurs d'un artiste du 17ième siècle.

Kalligraphiekästchen
Fleisch / Fisch / Meeresfrüchte

Feine Küche mit vier verschiedenen Speisen. Nach den Farbkästchen der Künstler im 17. Jh. benannt.

Caja de caligrafía
carne / pescado / marisco

Plato exquisito con cuatro tipos diferentes de comida. El nombre proviene de un calígrafo del siglo XVII.

漆盒
肉 / 鱼 / 贝类

由四种精选的食品制成。十七世纪画家为其命名，呈漆盒型。

우카도 특선도시락
육류 / 생선 / 조개류

네가지의 엄선된 요리로 된 고급 음식입니다. 칠기용 물감 통 모양의 도시락통이며, 17세기의 화가의 이름을 따서 지어졌습니다.

O-ZENDATE

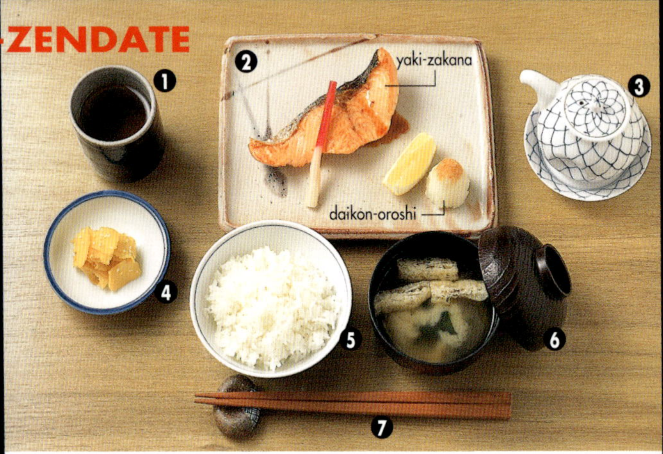

1
2
yaki-zakana
3
daikon-oroshi
4
5
6
7

1. o-cha 2. okazu 3. shōyu 4. tsuke-mono 5. gohan 6. miso-shiru 7. hashi

YAKUMI

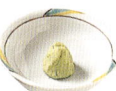

wasabi

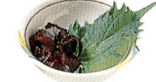

me-jiso · shiso

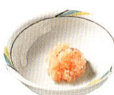

momiji-oroshi

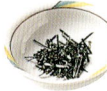

nori

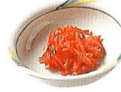

beni-shōga

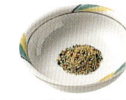

shichimi

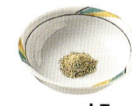

sanshō

日本食
NIHON-SHOKU

- 🇬🇧 About Japanese food
- 🇫🇷 Quelques mots sur la cuisine japonais
- 🇩🇪 Wissenswertes über japanische Speisen
- 🇪🇸 Todo sobre la comida japonesa
- 🇨🇳 关于日本食品
- 🇰🇷 일식에 관하여

- **En** Food & drink
- **F** Nourriture & boissons
- **D** Essen & Trinken
- **Es** Comida & bebida
- **C** 食物与酒水
- **K** 식사 & 음료

食事

ENGLISH

Tiny ornamental delicacies, filling winter hotpots, or deep-fried pork cutlets: the Japanese menu provides for every taste and occasion. Meeting for a meal or drinks is the typical way to socialize in Japan, and cocktails are always accompanied by small dishes or snacks, often finished with a rice dish like **o-cha-zuke**. A meal is often accompanied or followed by complimentary green tea, to cleanse the palate, and at an expensive restaurant the staple white rice should be included without charge. But wherever you eat, the staff will take pride in their hospitality and service.

FRANÇAIS

Mets délicats minuscules, ragoûts consistants ou côtes de porc frites: le menu japonais s'adapte à tous les goûts et à toutes les occasions. Il est courant au Japon de se retrouver autour d'un repas ou d'un verre. Le soir, la consommation d'alcool est toujours accompagnée d'une collation, et se termine souvent par un plat de riz tel que **o-cha-zuke**. Le restaurant vous offre parfois du thé vert, agréable au fin de repas pour rafraîchir le palais et dans un restaurant de luxe, du riz au naturel est normalement inclu dans le prix. Cependant, quel que soit le lieu de restauration, le personnel tire fierté de l'hospitalité et de la qualité du service qui vous sont offerts.

DEUTSCH

Winzige, dekorative Delikatessen, sättigende Wintereintöpfe, frittierte Schweinskoteletts – die japanische Speisekarte hat für jeden Geschmack und Anlaß etwas bereit. Gewöhnlich trifft man sich in Japan zum Essen oder auf einen Drink, zudem immer kleine Häppchen oder Knabbereien serviert werden, als Abschluss oft auch ein Reisgericht wie **O-cha-zuke**. Mahlzeiten werden oft von grünem Tee begleitet oder abgeschlossen, um den Gaumen zu reinigen. Der Tee ist oft im Preis enthalten, in feinen Restaurants gilt dies auch für den weißen Reis. Wo immer Sie essen, das Personal wird sich bemühen, Gastlichkeit und guten Service zu bieten.

ESPAÑOL

De diminutas exquisiteces ornamentales hasta opulentos cocidos invernales, pasando por chuletas de cerdo fritas, la cocina japonesa ofrece platos para todos los gustos y ocasiones. En Japón, la vida social suele ir estrechamente vinculada a la gastronomía, y junto con los refrescos o las copas que se sale a tomar por la noche se sirven siempre tapas y aperitivos, culminando al final con un plato de arroz como el **o-cha-zuke**. Para beber durante o después de la comida, muchos locales ofrecen por sistema té verde, ideal para limpiar el paladar. Por regla general, los restaurantes de categoría no cobran el arroz blanco de acompañamiento. El común denominador de todos los locales de restauración japoneses es el servicio, siempre amable y atento.

CHINESE

数量虽少但富有观赏性的精美食品, 冬季特有的土豆炖牛肉以及油炸猪肉排, 日本菜谱可根据不同场合为您提供不同样式的菜肴。在日本以吃饭和喝酒会友是典型的社交方式, 而晚上饮酒一般是以小菜或零食下酒, 通常最后上的是米饭类菜肴, 如茶水泡饭。饭后一般会给客人送绿茶以清口。此外在高级饭店里还常常免费提供主食白米饭。但是不论你在何处进餐, 服务人员都会使你感受到礼貌的态度与周到的服务。

KOREAN

양은 적으나 보기좋은 모양의, 겨울용 냄비요리 또는 돈까스 등 일식 메뉴는 모든 취향과 장소에 어울립니다. 회식 또는 술자리는 일본의 사교방식의 전형적인 모습입니다. 저녁의 술자리에는 언제나 밑반찬 또는 안주가 장만되며, 오차즈케와 같은 밥반찬으로 마감하게 됩니다. 식사 도중 또는 마지막에는 입가심을 위해서 녹차가 제공되는 경우가 많습니다. 그리고 고급 음식점에서는 공기밥은 무료로 제공됩니다. 어디에서 음식을 드셔도 종업원은 긍지를 갖고 친절과 봉사를 손님에게 제공할 것입니다.

- **En** Structure of a meal
- **F** Organisation du repas
- **D** Menüzusammenstellung
- **Es** Composicion de la comida
- **C** 饭菜构成
- **K** 음식의 구성

和食

ENGLISH

Meals come in many shapes, from Western steak with salad to a single bowl of noodles, but the classic format is rice, soup, pickles and **okazu** (dishes), all served at once. A simple lunch might have one okazu, while the traditional breakfast includes grilled fish, raw egg and sheets of **nori**. Dinner could feature two or three okazu, arriving while your **zensai** (appetizers) are still on the table. Many places serve little **o-tōshi** to acknowledge your order, and soup is typically **o-suimono** or **miso-shiru**. Dessert options, if any, might include green tea ice cream or fruit.

FRANÇAIS

Toutes sortes de repas sont servis, allant du steak-salade à l'occidentale à un simple bol de nouilles, mais le repas classique comprend du riz, de la soupe, des pickles et **okazu** (plats) présentés ensemble. Un déjeuner simple peut ne comporter qu'un seul okazu, tandis que le petit-déjeuner traditionnel comprend du poisson grillé, un œuf cru et des feuilles de **nori**. Le dîner peut comprendre deux ou trois okazu qui sont servis alors que vos **zensai** (apéritifs) sont encore sur la table. Beaucoup de restaurants servent de petits **o-tōshi** pour vous aider à patienter et **o-suimono** ou **miso-shiru** sont les soupes les plus typiques. Le choix de dessert se limite souvent à de la glace au thé vert ou à des fruits.

DEUTSCH

Mahlzeiten können viele Formen annehmen, Steak und Salat wie im Westen oder auch nur eine Schüssel Nudeln, doch das klassische Format besteht aus Reis, Suppe, Pickles und **Okazu** (Speisen), die alle gleichzeitig serviert werden. Ein einfaches Mittagessen enthält vielleicht nur eine Okazu, während zum traditionellen Frühstück gegrillte Fische, rohes Ei und **Nori**-Blätter gehören. Ein Abendessen enthält zwei oder drei Okazu, die schon serviert werden, wenn die **Zensai** (Häppchen) noch auf dem Tisch stehen. Viele Gaststätten servieren kleine **O-tōshi**, um Ihre Bestellung zu bestätigen, und als Suppe häufig **O-suimono** oder **Miso-shiru**. Als Nachspeise, so vorhanden, wird oft Eis aus grünem Tee oder Obst angeboten.

ESPAÑOL

Los menús son de lo más dispares, desde un bistec con ensalada, al estilo occidental hasta un simple bol de fideos. Sin embargo, la composición habitual incluye arroz, sopa, encurtidos y **okazu** (platos), todo a la vez. Un almuerzo simple puede constar solamente de un okazu, mientras que el desayuno tradicional se compone de pescado a la plancha, huevo crudo y láminas de **nori**. La cena puede comprender dos o tres okazu, que se sirven mientras todavía se están tomando los **zensai** (aperitivos). Muchos locales sirven pequeños **o-tōshi** como muestra de atención al cliente. En cuanto a la sopa, se toma **o-suimono** o **miso-shiru**. Si el restaurante tiene carta de postres, que no siempre es el caso, suele incluir helado de té verde o fruta.

CHINESE

饭菜有许多式样，从西方的牛排色拉到简单的一碗面条，然而其中最典型的饭菜莫过于米饭、汤、咸菜和各类熟菜了，一般这些饭菜都是一起上的。一顿简单的午餐可以只有一个熟菜，而传统早餐为烤鱼、生鸡蛋和紫菜片。晚餐可以上二到三个熟菜，在桌上冷盘还未撤走时就上。许多餐厅在等你点菜时会给你上些小菜，而汤一般为清汤和酱汤。如果有甜点供你选择一般包括绿茶冰淇淋和水果。

KOREAN

음식은 샐러드가 곁들인 스테이크에서부터 우동 한그릇에 이르기까지 다양한 형태로 제공됩니다만, 전통적인 양식은 밥, 국, 장아찌(쯔케모노)와 반찬이 동시에 제공됩니다. 전형적인 아침식사에는 생선구이, 날계란과 김 등이 제공되는 한편, 점심식사에는 간결하게 한가지 반찬이 제공되는 경우가 있습니다. 저녁식사는 두세가지의 반찬이 전채를 드시는 사이에 마련됩니다. 많은 곳에서 오토우시라고 불리우는 쯔케다시가 제공되며, 국은 오스이모노 또는 미소시루(미소된장국)인 경우가 많습니다. 후식이 있는 경우, 녹차 아이스크림이나 과일이 포함될 수 있습니다.

- **En** Where to eat
- **F** Choix de restaurants
- **D** Wohin zum Essen
- **Es** Tipos de restaurantes
- **C** 在哪儿吃
- **K** 식사장소

ENGLISH

Restaurants vary from the haute cuisine **ryō-tei**, to **shoku-dō** and **teishoku-ya** serving good, cheap set meals, while the popular department store restaurants stay open into the evening offering a little of everything. For the expert touch, however, try a specialist eatery. **Unagi-ya** serve river and sea eels, and noodle shops are divided into **rāmen-ya** and **soba-ya** (where most dishes are also offered with **udon**). **Ton-katsu-ya** and **sushi-ya** are popular for lunchtime or evening, and after five o'clock red lanterns invite customers into **nomi-ya** and cheap, friendly **izaka-ya** for drinks with snacks like **yaki-tori**.

FRANÇAIS

La gamme de restaurants s'étend des **ryō-tei** servant de la haute cuisine, aux **shoku-dō** et aux **teishoku-ya** qui offrent des menus fixes bon marché mais de qualité tandis que les restaurants des grands magasins, ouverts tard le soir, proposent un peu de tout. Pour une cuisine plus spécialisée, essayez les restaurants à thème. **Unagi-ya** sert de l'anguille et de la loche et les restaurants de nouilles sont divisés en **rāmen-ya** et en **soba-ya** (où la plupart des plats sont aussi à base de **udon**). **Ton-katsu-ya** et **sushi-ya** sont populaires à l'heure du déjeuner ou le soir. Dans la soirée, des lanternes rouges incitent les clients à entrer dans les **nomi-ya** et dans de conviviaux **izaka-ya** pour boire un verre autour de collations telles que les **yaki-tori**.

DEUTSCH

Das Restaurantangebot ist vielfältig, von feinster Küche in einem **Ryō-tei** hin zu **Shoku-dō** und **Teishoku-ya**, wo man gute, preisgünstige Menüs findet. Die beliebten Kaufhausrestaurants haben bis in den Abend hinein offen und bieten von allem etwas. Eine besondere Erfahrung sind jedoch Spezialitätenrestaurants. **Unagi-ya** bieten Aal und Schmerle an, Nudelgeschäfte werden unterteilt in **Rämen-ya** und **Soba-ya** (wo die meisten Gerichte auch mit **Udon** zubereitet werden). **Ton-katsu-ya** und **Sushi-ya** sind mittags und abends beliebt. Nach 17 Uhr laden rote Laternen Gäste in **Nomi-ya** und billige, gemütliche **Izaka-ya** ein, wo man Getränke und kleine Knabbereien wie **Yaki-tori** konsumiert.

ESPAÑOL

Los restaurantes japoneses varían desde los más selectos, llamados **ryō-tei**, hasta los **shoku-dō** y los **teishoku-ya**, que sirven platos combinados sabrosos y económicos. Los locales de los grandes almacenes, muy populares, permanecen abiertos hasta la noche y ofrecen un poco de todo, sin embargo, los paladares más exigentes preferirán degustar la cocina de los locales especializados. Los **unagi-ya** sirven anguila y locha, y los locales de pasta se dividen entre **rāmen-ya** y **soba-ya** (casi todos los platos están hechos con **udon**). A los **ton-katsu-ya** y **sushi-ya** se va tanto al mediodía como por la noche, y después de las cinco de la tarde se encienden las luces rojas invitando a la clientela a los **nomi-ya** y los **izaka-ya**, donde se sirven refrescos con tapas como el **yaki-tori**.

CHINESE

餐厅有多种，从专门的高级日式餐厅到大众餐厅及美价廉的餐厅。另外顾客众多的百货商场的餐厅也开到傍晚，提供品种较少的晚点。对于美食家来说应该去一家有特色的餐馆。鳗鱼馆可以品尝鳗鱼、鳝鱼和泥鳅。面馆分为拉面馆与荞麦面馆（其中的大多数菜肴也是配有面条制成。）炸猪排店和寿司店在午间与晚间非常火爆。而一过五点亮起来的红灯笼就会将客人引向酒吧或价钱便宜、待人热情的小酒馆以及专卖烤鸡肉串的快餐店去喝上一杯。

KOREAN

식당은 료우테이라고 불리우는 고급 요정에서 부터 쇼꾸도우, 테이쇼꾸야라는 싸고 맛있는 정식을 제공하는 곳까지 다양합니다. 유명백화점 레스토랑에서는 저녁때에도 많은 음식을 드실 수 있습니다. 전문가의 손에 의해서 만들어진 특선요리를 드셔 보세요. 우나기야에서는 장어와 미꾸라지 요리를 드실 수 있고, 국수류도 라멘야(라면집)와 소바야(대부분의 요리는 우동으로도 드실 수 있습니다)가 점심, 저녁에 인기가 많습니다. 다섯시 이후에는 빨간 홍등이 달린 노미야(술집)가 손님을 흡인하며, 값싸고 친절한 이자까야에서는 야끼도리와 같은 안주를 드실 수 있습니다.

- En **In the restaurant**
- F **Au restaurant**
- D **Im Restaurant**
- Es **En el restaurante**
- C 在餐厅
- K 음식점에서

料亭

ENGLISH

Staff should greet you on arrival, but if a casual restaurant is busy, just grab a seat. At formal places it is polite to reserve, and some secluded **ryō-tei** require a personal introduction, but the traditional **tatami** room can also be enjoyed even in some **soba-ya**: leave your shoes on the step and kneel on the rush mats, or dangle your feet in a well under the low table. Men may sit cross-legged, at their host's invitation. When finished, pay at the register. Sales tax may be added to the prices shown. Personal tipping is not customary, but at expensive restaurants a service charge is added to the bill.

FRANÇAIS

Le personnel doit normalement vous accueillir à l'entrée, mais dans un restaurant bon marché vous pouvez vous installer directement. Dans un lieu formel, il est poli de réserver, et l'admission à certains **ryō-tei** exclusifs se fait uniquement sur recommandation. Des salles de **tatami** sont disponibles dans les **ryō-tei**, ainsi que dans certains **soba-ya**: laissez vos chaussures à l'entrée et agenouillez-vous sur les nattes à la table basse. Les hommes s'assoient les jambes croisées sur invitation de leur hôte. Réglez l'addition en fin de repas; la TVA n'est parfois pas comprise dans les prix. Laisser un pourboire ne se fait pas, mais les grands restaurants ajoutent parfois le service.

DEUTSCH

Beim Eintreffen werden Sie normalerweise begrüßt, aber wenn in einem weniger formellen Restaurant gerade viel Betrieb ist, suchen Sie sich einfach einen Platz. In feinen Restaurants ist es höflich, einen Tisch zu bestellen, und für besonders exklusive **Ryō-tei** ist eine persönliche Empfehlung nötig. Im traditionellen **Tatami**-Zimmer, das Sie nicht nur in feinen **Ryō-tei** finden, können Sie auf Schilfmatten beim niedrigen Tisch knien. Männer dürfen auch im Schneidersitz sitzen. Bezahlen Sie am Ende, zu den angeführten Preisen kommt u.U. noch Steuer hinzu. Trinkgeld ist nicht üblich, doch kommt in teuren Restaurants ein Servicebeitrag zur Rechnung hinzu.

ESPAÑOL

Normalmente el camarero recibe a los comensales, pero si se trata de un restaurante sencillo y el personal está ocupado puede elegir usted la mesa. En locales más refinados es mejor reservar, y para algunos **ryō-tei** requiere una recomendación personal de otro cliente. A veces, en algunos **soba-ya** también se puede disfrutar de la tradicional sala **tatami**: deje los zapatos en el umbral y arrodíllese en las esterillas de junco trenzado. No está mal visto que los hombres se sienten con las piernas cruzadas. Una vez finalizada la comida, pase por caja a pagar, y tenga en cuenta que a veces aún se tienen que sumar los impuestos a los precios indicados en la nota. No se le da propina al personal, pero los restaurantes caros añaden un importe determinado en concepto de servicio.

CHINESE

服务人员在你到来之际会马上来迎接你，而如果赶上一家餐厅正忙，则只须自己随意找一张椅子坐下即可。对一些正规餐厅而言预定座位是比较礼貌的作法，个别位于僻静地点的日式饭店要求客人作出自我介绍。但传统的踢踢米房间则甚至在一般的荞麦面馆都可以享受到：将鞋子脱掉放在台阶上，然后跪坐在灯芯草垫子上，或者将脚悬垂到茶几下的井状空洞中。经主人允许，男人可以盘腿而坐。最后付帐时酒水税可能加在帐单中，一般个人不用付小费，但在高级餐厅服务费会包在帐单中。

KOREAN

종업원들이 손님을 보통 안내하지만, 식당이 붐빌 때에는 직접 자리를 잡으십시오. 격식이 있는 식당은 예약을 하시는 것이 좋으며, 룸형태의 요정에서는 예약시 자아 소개를 필요로 하는 경우도 있습니다. 타타미 방은 소바야(소바집)에서도 즐기실 수 있습니다. 신발을 벗으시고 바른 자세로 앉거나 편하게 앉으세요. 남자들은 초대자의 허락을 얻은 뒤에는 양반다리로 앉아도 좋습니다. 요금은 마지막에 지불하며 세금이 추가되는 경우도 있습니다. 봉사료는 지불되지 않습니다만 고급 음식점에서는 가격에 포함시키는 경우도 있습니다.

- 🇬🇧 How to order
- 🇫🇷 Comment commander
- 🇩🇪 Die Bestellung
- 🇪🇸 Cómo pedir la comida
- 🇨🇳 如何点菜
- 🇰🇷 주문방법

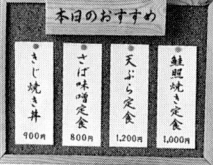

ENGLISH

Ordering is easy. Many casual restaurants display life-like models of the day's **setto ranchi** (set lunches) or **teishoku** (any set meal)-just point and say, "Are o kudasai." At a **tempura-ya**, sets are graded **ume, take** and **matsu** (literally apricot, bamboo and pine) while **sushi-ya** offer **nami, jō** and **toku-jō** from basic to extra-special. Haute cuisine meals tend to be chosen by the chef, to use the freshest seasonal ingredients. Otherwise, an a la carte menu is usually available. Choose a variety of differently cooked dishes for a classic balanced meal.

FRANÇAIS

Il est facile de passer commande. Beaucoup de restaurants populaires exhibent des maquettes du **setto ranchi** (déjeuner du jour) ou du **teishoku** (tout menu fixe). Il vous suffit d'en montrer un du doigt en disant "Aré, o kudasai". À un **tempura-ya**, les menus sont classés **ume, take, matsu** (litéralement abricot, bambou, pin) tandis les **sushi-ya** proposent **nami, jō** et **toku-jō**, allant de l'ordinaire au menu raffiné. Les menus de haute cuisine tendent aussi à être sélectionnés par le chef pour utiliser les ingrédients les plus frais de la saison. Un menu à la carte est également toujours disponible. Composez votre menu avec différents types de plats pour avoir un repas classique équilibré.

DEUTSCH

Bestellen ist nicht schwer. Viele einfache Restaurants haben Modelle der **Setto ranchi** (Tagesmenü für Mittagessen) oder **Teishoku** (Menüs) ausgestellt – zeigen Sie darauf und sagen Sie, "Are, o kudasai." In einem **Tempura-ya** rangieren die Menüs von **Ume** über **Take** zu **Matsu** (wörtl. Aprikose, Bambus, Kiefer), und ein **Sushi-ya** bietet **Nami**, **Jō** und **Toku-jō** in der Rangfolge von einfach bis hin zu ganz besonders. Mahlzeiten der gehobenen Küche werden meist vom Küchenchef zusammengestellt, der die frischesten Zutaten der Saison kombiniert. Ansonsten ist gewöhnlich eine à la carte Auswahl vorhanden. Wenn Sie eine klassische, ausgewogene Mahlzeit zusammenstellen wollen, wählen Sie Gerichte, die auf verschiedene Weise zubereitet wurden.

ESPAÑOL

En muchos restaurantes se exponen ejemplos de los **setto ranchi** ("almuerzos del día") o **teishoku** (cualquier otro plato combinado), o sea que no tiene más que señalar el que quiera comer, diciendo "Aré, o kudasai." En los **tempura-ya** se han clasificado los menús por categorías, **ume**, **take** y **matsu** (que literalmente significan albaricoque, bambú, pino), mientras que los **sushi-ya** distinguen desde el menú básico hasta el especial entre **nami**, **jō** y **toku-jō**. En los locales de postín, lo normal es que sea el maître el que escoja la comida, para seleccionar los ingredientes más frescos y del tiempo. Sin embargo, también se puede comer a la carta. Se recomienda optar por diversos platos cocinados de maneras diferentes, componiendo así un menú clásico y equilibrado.

CHINESE

点菜非常容易。一般的餐厅都列有当天的菜谱，如中午套餐或份饭，所以只须指向它并说一句"请给我来这个"就行。在天妇罗店一般分为"梅、竹、松"三个级别，而寿司店有普通座和特别座之分。一般来讲厨师对成菜的选择精益求精，选用最新鲜的时令配料。现点现做也很常见。选用不同的烹饪方法烹制出的搭配均匀的传统菜肴为首选。

KOREAN

주문방법은 간단합니다. 대부분의 보통 음식점은 그날의 셋또 란치 (셋메뉴 런치) 또는 테이쇼꾸(정식 메뉴)를 지정해놓고 있으니 그것을 가리키고 주문하세요. "아레오 쿠다사이.(저것을 주세요.)" 라고 하시면 됩니다. 텐뿌라야(텐뿌라집)에서는 우메(매), 타께(죽), 마쯔(송) 로 등급이 있으며 스시야(스시집)에서는 나미(보통), 조우(상), 토꾸조우(특상)가 보통에서 특상으로 나뉘어 집니다. 고급 음식점에서는 요리사가 가장 신선한 재료를 고르는 경우가 있습니다. 반면, 일품요리도 일반적으로 가능합니다. 색다른 요리방법으로 만들어진, 잘 배합이 된 전통음식을 다양하게 선택하세요.

- En **Communal dishes**
- F **Plats collectifs**
- D **Gerichte für mehrere Personen**
- Es **Platos compartidos**
- C **团圆饭**
- K **여러명을 위한 식사**

ENGLISH

Most meals arrive in a collection of small personal servings, though friends may pick from the same dish with the back ends of their chopsticks, but a few communal dishes are convivially cooked at the table. The winter favorite is **nabe-mono**, simmered on a charcoal brazier while you add ingredients to keep the pot going. The secret is not to cook too much at once, but still politely finish all, so check the minimum number served. Staff are always on hand to assist, and for **teppan-yaki** will dramatically stir-fry at your table. The inset **teppan** (iron griddle) is also used to fry **okonomi-yaki**.

FRANÇAIS

La plupart des repas sont servis en petites portions individuelles, mais entre amis on peut se servir dans le même plat en utilisant la partie arrière de ses baguettes. Certains plats collectifs sont cuisinés par les convives à même la table. Parmi les plats classiques d'hiver, figure le **nabe-mono** qui mijote sur un brasier de charbon de bois et auquel on ajoute au fur et à mesure des ingrédients. Il est poli de ne pas se servir de trop grosses quantités à la fois. N'oubliez pas non plus de vérifier le nombre minimum de convives requis. Le personnel est toujours prêt à aider, et pour le plat de **teppan-yaki** fait sauter les ingrédients avec panache à votre table. Le **teppan** (plaque de fonte) incrusté dans la table est également utilisé pour faire frire **okonomi-yaki**.

DEUTSCH

Die meisten Mahlzeiten werden in kleinen Einzelportionen serviert, doch können sich Freunde mit dem hinteren Ende ihrer Eßstäbchen aus Ihrem Schüsselchen bedienen. Einige wenige Gerichte werden jedoch gemeinsam bei Tisch zubereitet. Beliebte Wintereintöpfe wie **Nabe-mono** köcheln über einem Holzkohlenfeuer, und Sie fügen Zutaten zum Topf hinzu und halten ihn so im Gang. Der Trick ist der, nicht zu viel auf einmal zu kochen und doch höflich alles aufzuessen. Prüfen Sie daher die Mindest-personenanzahl für das Gericht. Das Personal ist gerne bereit, bei der Zubereitung zu helfen, und beim **Teppan-yaki** wird die Speise dramatisch bei Tisch unter Rühren schnell gebraten. Die eingebaute Eisenplatte **Teppan** dient außerdem dazu, **Okonomi-yaki** zu garen.

ESPAÑOL

La mayoría de comidas se presentan en platos individuales, aunque si tienen amistad los comensales pueden picar del mismo plato utilizando los extremos opuestos de los palillos. Sin embargo, hay otro tipo de platos compartidos que se cocinan en la misma mesa, en un ambiente relajado y jovial. Los favoritos para el invierno, **nabe-mono**, se cuecen sobre el brasero de carbón, con los ingredientes que van añadiendo los comensales. El secreto consiste en no poner demasiados a la vez, además el código de las buenas costumbres dice que hay que acabárselo. El personal del restaurante está siempre atento en caso de que se requiera su ayuda, y cuando se ha pedido **teppan-yaki** sofreirá a fuego vivo los ingredientes en la misma mesa, un espectáculo digno de verse.

CHINESE

大多数此类饭菜是将每个人的那一份盛在一个盘子上的，朋友们用各自的筷子从一个盘子上夹菜吃。但有些团圆饭则是在欢乐的气氛中现场制作的，比如冬季人们爱吃的火锅就是不断地往烧炭火上的黄铜锅内加各类吃食来制作的。吃火锅的决窍是一次不要放食物太多，而且不造成浪费是对人礼貌的作法，所以应取每道菜的最少量。服务员会始终站在你身边为你提供服务，而铁板烧更是放置在桌子上现场烤制，用可插入式铁板(铁烙煎饼浅锅)作杂样煎菜饼。

KOREAN

대부분의 음식은 개인용 접시에 담겨서 제공됩니다만, 친구끼리는 젓가락을 거꾸로 잡아서 같은 그릇에서 음식을 집기도 합니다. 그러나 어떤 음식들은 식탁에서 요리되어지기도 합니다. 겨울에 인기있는 나베모노(냄비류)는 냄비를 숯불 위에서 부글부글 끓이면서 음식물을 집어넣기도 합니다. 비결은 한번에 너무 많이 요리하지 않는 것이고, 만들어진 음식은 모두 드시는 것이 예의이므로, 최소한의 분량을 조리하십시요. 종업원들은 항상 도와드릴 것이며, 뎃빤야끼(철판구이)의 경우는 당신의 테이블 앞에서 놀라운 연출을 보여줄 것입니다. 뎃빤(철판)은 오꼬노미야끼에도 사용됩니다.

- En Haute cuisine
- F Haute cuisine
- D Feine Küche
- Es Cocina de lujo
- C 美食家
- K 고급 음식

ENGLISH

Kaiseki ryōri refers both to the ritual tea ceremony meal (懐石), named for the hot stone carried by Buddhists to ward off hunger pains, and to a formal dinner party of many consecutive courses (会席), usually served at **ryō-tei** and named after the venues where wandering poets used to perform. High class but informal cuisine can be enjoyed at a **kappō**, like a private dining room. Some take only one reservation a day, each dish decided in consultation with the chef. **Sushi** and **tempura** connoisseurs also take advice on the day's best finds, sitting at the counter to order piece by piece.

FRANÇAIS

Kaiseki ryōri fait référence à la cérémonie du thé (懐石), d'après la pierre chaude portée par les Bouddhistes pour tromper la faim ainsi qu'à un dîner formel comprenant divers plats successifs (会席), généralement servi à un **ryō-tei** et qui tire son nom des lieux où se produisaient les poètes itinérants. Une cuisine raffinée mais informelle est servie dans les **kappō**, sorte de salle à manger privée. Certaines n'acceptent qu'une réservation par jour, chaque plat étant sélectionné en concertation avec le chef. Les connaisseurs de **tempura** et de **sushi** suivent également les recommandations du chef en passant commande de chaque portion au comptoir.

DEUTSCH

Kaiseki ryōri bezeichnet sowohl die rituelle Teezeremonie (懐石), die nach dem heißen Stein benannt ist, den die Buddhisten am Körper trugen, um Hunger abzuwehren, als auch eine formelle Abendeinladung mit vielen aufeinander folgenden Gängen (会席), meist in einem **Ryō-tei**, nach den Stätten benannt, in denen früher wandernde Dichter auftraten. Feine, aber nicht so formelle Küche finden Sie in einem **Kappō**, ähnlich einem privaten Eßzimmer. Manche nehmen nur eine Reservierung pro Tag an, wobei jede Speise zusammen mit dem Küchenchef festgelegt wird. Kenner von **Sushi** und **Tempura** richten sich ebenfalls nach den besten Zutaten des Tages, sitzen an der Theke und bestellen jedes Sushi-Paar einzeln.

ESPAÑOL

Kaiseki ryōri significa tanto la comida que acompaña a la ceremonia del té (懐石), y cuyo nombre hace alusión a la piedra caliente que llevan los budistas para ahuyentar al fantasma del hambre, como una gran cena festiva compuesta por numerosos platos (会席), que se suele servir en el **ryō-tei** y cuya denominación se refiere a los puntos de reunión donde solían recitar los poetas itinerantes. En los **kappō** se puede disfrutar de una cocina excelente en un ambiente distendido, como si fuera un comedor casero. Algunos sólo aceptan una reserva al día, y cada plato se consulta con el jefe de cocina. Los entendidos en **sushi** y **tempura** siempre siguen las recomendaciones del día, sentados en la barra para ir degustando plato por plato.

CHINESE

怀石料理一是指茶道仪式时的进餐때佛教徒为驱走饥饿感而捧着的热石头, 二是指上许多道菜的正式宴会, 这类宴会一般在日式餐馆举行, 因流浪诗人常在此聚会而得名。在日式餐馆里可以享受到高级但非正式的菜肴, 这里就象一处私人餐厅。有些餐馆一天只接受一个预订, 所订的每道菜则是与厨师共同商量的结果。寿司和天妇罗的行家更是愿意坐在柜台边根据当天的时鲜食物来点每一道菜。

KOREAN

카이세끼 료우리(회석요리)는 에도시대 중엽에, 불교도가 뜨거운 돌을 안고서 배고픔을 이겨낸 것에서 유래되는 차례식사의 의미(懐石)와, 통상, 계속적으로 음식이 나오는 코스요리가 나오는 저녁식사 등을 일컫습니다(会席), 주로 료우떼이(요정)에서 제공되며 유랑시인들이 시를 읊었던 장소에서 그 이름이 유래됩니다. 고급이면서도 비정식적인 음식은 캇뽀우라는 개인용 회석실에서 즐길 수 있습니다. 어떤 곳에서는 하루에 한가지 메뉴만 예약을 받으며, 요리사와 협의해서 요리가 결정됩니다. 스시와 텐뿌라의 전문요리사가 카운터에서 그날의 특미를 권하며 낱개로 주문을 받습니다.

- 🇬🇧 Etiquette
- 🇫🇷 Etiquette
- 🇩🇪 Etikette
- 🇪🇸 Modales en la mesa
- 🇨🇳 饮食礼仪
- 🇰🇷 식사예절

ENGLISH

Traditional Japanese food is ideally sized for chopsticks, but fish or large prawns must be pulled apart or bitten. Season to taste, dropping **wasabi** or spring onions into the dipping sauce or dribbling soy sauce onto grated radish. If sharing a central dish, take food to your plate or dip it before eating, and go back for more rather than take too much. Picking up bowls is fine, especially to catch drips or slurp soup, and chopsticks are handy to fish for tidbits. With your companion's permission, start as soon as food is served-in any order, though **sashimi** and fresh **tempura** are best consumed first.

FRANÇAIS

L'assaisonnement est souvent complété par les convives. Du wasabi ou de la ciboule sont alors ajoutés à la sauce d'accompagnement, ou quelques gouttes de sauce de soja versées sur des radis râpés. Si vous partagez un plat, placez de la nourriture sur votre assiette, ou trempez-la dans de la sauce avant de la consommer, et n'empilez pas trop d'aliments sur votre assiette. Il est acceptable de soulever son bol, pour avaler une soupe par exemple, mais il vaut mieux utiliser ses baguettes pour saisir de petits morceaux. Avec l'agrément des autres convives, commencez à manger dès que vous êtes servi, sans respecter d'ordre de plats, bien qu'il vaille mieux commencer par le **sashimi** et **tempura** frais.

DEUTSCH

Traditionelle japanische Speisen haben die ideale Größe für den Verzehr mit Eßstäbchen, Fisch und große Garnelen jedoch müssen Sie auseinanderreißen oder abbeißen. Würzen Sie nach Geschmack, streuen Sie **Wasabi** oder Frühlingszwiebeln in die Soße zum Tunken oder sprenkeln Sie Sojasoße auf geriebenen Rettich. Wenn Sie mit anderen von einem Gericht in der Mitte essen, nehmen Sie sich etwas davon auf Ihren Teller oder tunken Sie es zuerst in die Soße. Sie können Schüsseln durchaus zum Mund führen, etwa um Tropfen aufzufangen oder Suppe zu trinken. Eßstäbchen sind praktisch, um Köstlichkeiten einzeln herauszufischen. Wenn Ihre Begleiter es gestatten, fangen Sie mit dem Essen an, sobald es serviert wird.

ESPAÑOL

La comida japonesa tiene el formato ideal para los palillos, aunque a veces hay que despedazar o morder el pescado o algunas gambas de gran tamaño. Sazonar al gusto, agregando **wasabi** o cebolletas a la salsa o rociando el rábano rallado con salsa de soja. Si está compartiendo una comida a rancho con los demás comensales, llévese su parte al plato o úntela en la salsa antes de comerla. Es mejor repetir que servirse demasiado. No está mal visto levantar el bol, para evitar mancharse la ropa o para sorber la sopa; los palillos resultan muy prácticos para pescar los deliciosos trocitos que queden. Puede empezar en cuanto traen la comida, no importa el orden, aunque se recomienda iniciar el ágape con el **sashimi** y el **tempura** recién hecho.

CHINESE

传统日本式食物一般使用筷子取食，但鱼和大虾则应分开取而食之。为了提味儿常将辣根或春葱放到佐料里或酱油中蘸着小萝卜吃。如果大家一起分享一道主菜时应先将菜取到自己的盘子中，然后蘸着佐料吃，吃完后应稍作停顿再吃下一口菜而不是连续不断地大口吃菜。端起碗来吃饭也无可厚非，特别是为避免撒汤在喝汤时更是如此，这时候筷子可拿在手上以备不时之需。在征得同伴的允许后可在菜上来后马上进餐，按惯例生鱼片和新鲜天妇罗最好先食。

KOREAN

전통적인 일식요리는 젓가락으로 드시기에 좋은 크기로 만들어져 있으나 생선이나 큰 새우는 잘게 부수거나 깨물어 먹게 됩니다. 간을 맞추기 위해 와사비나 잎양파를 양념장에 섞거나 무우를 간장에 섞습니다. 만일, 가운데에 큰 접시를 놓고 여러 사람이 공유하실 경우, 음식을 너무 많이 드시지 말고, 드신 뒤에 다시 반복해서 덜어서 드십시요. 국을 마시거나 할 때에는 그릇을 드는 것이 좋으며 젓가락은 한입용 음식을 들기에 좋습니다. 식사가 제공되면, 동석자의 허가를 얻어서 드십시요. 순서는 특별히 없습니다만 사시미와 신선한 텐뿌라는 먼저 드시는 것이 좋습니다.

- En **Philosophy**
- F **Philosophie**
- D **Philosophie**
- Es **Filosofía**
- C 哲学
- K 철학

ENGLISH

In the Japanese ethos, to appreciate good food is to celebrate the blessings of the gods. Fish and vegetables are enjoyed in season; their flavors respected by minimal cooking or heightened by natural taste enhancers such as kelp, while saltiness and sweetness must be perfectly balanced. This is all in the quest for **umami**-the essential taste and feel of any food. With formal cuisine, presentation matters even more than flavor, to delight the eye and inspire the appetite. Garnishes emphasize the season and ingredients like citrus peel may be added simply for the aroma that gathers beneath the lid of a bowl.

FRANÇAIS

Dans la philosophie japonaise, en appréciant une bonne nourriture, on porte hommage aux dieux. Poissons et légumes de la saison sont appréciés, et leurs saveurs sont préservées grâce à un minimum de cuisson ou sont mises en relief, par exemple, avec du varech. Les saveurs sucrées et salées parfaitement équilibrées permettent aussi d'atteindre l'**umami**, goût et consistance essentiels de toute nourriture. Dans une cuisine formelle, la présentation est encore plus importante que le goût pour flatter l'œil et stimuler l'appétit. Les garnitures se font écho de la saison et un zeste de citron peut par exemple être ajouté pour l'arôme qu'il dégagera au soulever du couvercle.

DEUTSCH

In Japan feiert man mit dem Genuß von gutem Essen den Segen der Götter. Fisch und Gemüse werden in der Saison zubereitet, ihr Geschmack wird durch einen möglichst einfachen Kochvorgang erhalten oder durch natürliche Geschmacksverstärker wie Kelpalge betont. Salz und Süße sowie Geschmack und Konsistenz müssen perfekt ausbalanciert sein, d. h. dem Wesen der Speise perfekt zu entsprechen. Bei formeller Küche ist die Darbietung noch wichtiger als der Geschmack, um das Auge zu erfreuen und den Appetit anzuregen. Garnierungen beziehen sich auf die Jahreszeit. Zutaten wie Zitronenschale werden oft nur deswegen hinzugefügt, weil sie ein angenehmes Aroma in der zugedeckten Schüssel erzeugen.

ESPAÑOL

En la cultura japonesa, saber apreciar la buena comida es como celebrar la bendición de los dioses. Se consume pescado y verdura del tiempo, respetando sus sabores propios elaborándolos lo mínimo posible o resaltando su sabor con potenciadores naturales como las algas marinas; el objetivo es conseguir una expresión perfecta de sabores y consistencias, aspirando a lograr el umami, el aroma y tacto esencial de todo alimento. En la gastronomía de altos vuelos, la presentación es incluso más importante que el sabor, para deleitar la vista y despertar el apetito. Los aderezos representan la estación del año, y a veces se añaden ingredientes como la piel de un cítrico simplemente por recrearse en el aroma que se forma bajo la tapa del cuenco.

CHINESE

按照日本人的人生观，享用美食就是对神给予的保佑进行的赞美，鱼和蔬菜根据不同的时令来分享用，其风味由于精烹细做并使用于天然调味品，比如海草，同时咸甜搭配也是非常重要的。这一切都源于对美味的探索，也就是对所有食物的基本味道和感觉。对正式菜肴而言外观甚至胜过其风味，也就是说使客人的眼睛得到愉悦并勾起他的食欲。比如干脆将桔子皮放在碗盖下以增加芳香。

KOREAN

일본의 가치관으로 좋은 음식은 신의 뜻을 기리고 축복하기 위한 것으로 이해됩니다. 생선과 야채는 제철에 즐기며, 그 향은 약간식 음식에 가미되거나 다시마와 같은 천연의 음식 조미료로 쓰이게 됩니다. 소금과 단맛을 내는 조미료는 배합이 중요합니다. 이것은 제맛 -모든 음식의 근본적인 맛과 느낌- 을 내기위해 연구됩니다. 정통음식에서는 시각과 식욕을 자극하기 위한 모양이 맛보다도 중요합니다. 장식들은 맛을 깊게 하고 레몬껍질과 같은 재료들은 공기의 그릇 밑에서 단순히 향을 돋구기 위해서 첨가됩니다.

- 🇬🇧 Diet
- 🇫🇷 Régime alimentaire
- 🇩🇪 Ernährung
- 🇪🇸 Dieta
- 🇨🇳 健康
- 🇰🇷 것강

健康

ENGLISH

The traditional healthy diet is based on rice, fish and vegetables but **shōjin ryōri**, the vegetarian cuisine of Buddhism, is still served as **kaiseki ryōri** and its legacy in daily cuisine is the use of vegetarian jellies and oils, and protein-rich soy bean products like **miso**, soy sauce and **tōfu**. Pork, fowl and game pre-date Buddhism, and 19th century traders revived the eating of beef, but a meat and dairy-free diet is still readily available. Fish stock is a basic ingredient, however, and gluten balls are used for decoration, so inform the staff of what you cannot eat.

FRANÇAIS

L'alimentation traditionnelle, très saine, est à base de riz, de poisson et de légumes, mais **shōjin ryōri**, cuisine végétalienne bouddhiste, est toujours servie en tant que **kaiseki ryōri**. Son influence dans la cuisine quotidienne apparaît surtout dans les huiles et gelées végétariennes et dans les produits à base de graines de soja, très riches en protéines, tels que le **miso**, la sauce de soja et le **tōfu**. La consommation de porc, de volaille et de gibier remonte à avant le Bouddhisme et les négociants du 19ième siècle remirent le bœuf à la mode. Cependant, il est toujours facile de manger sans viande ni produits laitiers. Le bouillon de poisson est un ingrédient de base et des boulettes de gluten sont souvent utilisées comme décoration; précisez donc si vous voulez les éviter.

DEUTSCH

Die herkömmliche, gesunde Ernährung besteht aus Reis, Fisch und Gemüse, doch wird **Shōjin ryōri**, die veganische Küche des Buddhismus, immer noch serviert und ist in der alltäglichen Küche an der Verwendung von vegetarischen Geliermitteln und Ölen sowie eiweißreichen Sojabohnenprodukten wie **Miso**, Sojasoße und **Tōfu** zu erkennen. Schweinefleisch, Geflügel und Wild gehen auf vorbuddhistische Zeiten zurück, und die Händler des 19. Jh. führten Rindfleischgerichte wieder ein, doch ist es immer noch einfach, sich ohne Fleisch und Milchprodukte zu ernähren. Fishfond ist eine wichtige Zutat und Glutenbällchen werden in Garnierungen verwendet. Geben Sie deshalb dem Kellner immer an, welche Lebensmittel Sie meiden.

ESPAÑOL

La dieta sana y tradicional se basa en arroz, pescado y verduras. La cocina vegetariana budista, **shōjin ryōri**, todavía se sirve como **kaiseki ryōri**. Su legado para la cocina cotidiana es el uso de jaleas y aceites vegetales, y los productos derivados de la soja ricos en proteínas, como el **miso**, la salsa de soja y el **tōfu**. El cerdo, las aves y la caza son anteriores al budismo; los comerciantes del siglo XIX reintrodujeron el consumo del vacuno, aunque no es problema conseguir una dieta libre de carnes y lácteos. El caldo de pescado es un ingrediente básico, y para adornar los platos se utilizan bolas de gluten, por lo cual si no puede comer estos alimentos tiene que informar al personal del restaurante.

CHINESE

传统健康食物以米饭、鱼和蔬菜为基础，但佛教徒推崇的素食也被用作高级宴会菜肴，其传统的食物为蔬菜油以及蛋白质丰富的豆制品如豆瓣酱、酱油和豆腐。猪肉、禽肉和野味要先于佛教，十九世纪的商人们激发了人们吃牛肉的热情，肉类和（免）乳食物虽然容易得到，但鱼汤是基本食物，而面筋因有时于装饰并以此告知服务员你不吃什么。

KOREAN

전통 건강식은 밥, 생선, 야채가 기본이었으나, 불교의 채식주의 식단인 쇼우진 료우리는 카이세키 료우리의 하나로서 지금도 제공됩니다. 일상에서 개발된 전통요리법으로 식물을 젤리상태로 한 것이나 식물성 기름을 사용하는 것이며, 또한 미소된장, 간장, 두부와 같이 단백질이 풍부한 콩의 관련제품을 사용하는 것입니다. 돼지고기와 가축, 사냥에서 잡은 고기 등은 불교시대 이전의 식품이며, 19세기가 되면서 식육업자가 부활시킨 것이 소고기입니다. 고기와 낙농제품이 첨가되지 않는 식품은 지금도 쉽게 주문할 수 있습니다만, 생선국은 기본입니다. 글루텐 볼 등이 장식으로 쓰이는 경우가 있어서 종업원에게 당신이 드실 수 없는 것을 알려주세요.

- **En** Regional influences
- **F** Influences régionales
- **D** Regionale Einflüsse
- **Es** Influencias regionales
- **C** 地域影响
- **K** 지역적 영향

歴史

ENGLISH

Local specialties vary from salmon hotpot in Hokkaido to the pork stews of Kyushu. Around Tokyo, **Kantō**-style cooking uses dark soy sauce, whereas the rival **Kansai**-style from Osaka and Kyoto emphasizes subtle natural flavors and transparent sauces. Overseas influences have also been readily absorbed, such as **rāmen**, **chāhan** and **gyōza** from China, and **tempura** was originally Portuguese. Now, **yaki-niku** restaurants serve Korean barbecue-style beef, and **famirī resutoran** offer Japanese-style burgers and spaghetti, while top chefs pride themselves on developing rich new fusion cuisines.

FRANÇAIS

Les spécialités locales vont de la matelote de saumon de Hokkaido aux ragoûts de porc de Kyushu. Dans la région de Tokyo, les plats de style **kantō** sont assaisonnés de sauce de soja brune qui tranche avec le style **kansai** d'Osaka et de Kyoto tout en subtiles saveurs naturelles et en sauces limpides. Les influences étrangères ont été absorbées par la cuisine locale, **rāmen**, **chāhan** et **gyōza** provenant de Chine et **tempura** étant d'origine portugaise. De nos jours, les restaurants **yaki-niku** offrent du bœuf grillé à la mode coréenne et les **famirī resutoran** servent des hamburgers et des spaghettis à la japonaise. Les grands chefs, eux, sont fiers de créer de nouvelles saveurs en faisant fusionner différentes influences culinaires.

DEUTSCH

Lokale Spezialitäten sind vielfältig, von Lachstopf in Hokkaido zu den Schweinefleischeintöpfen aus Kyushu. Um Tokyo wird im **Kantō**-Stil gekocht, d.h. mit dunkler Sojasoße, während beim **Kansai**-Stil in Osaka und Kyoto die zarten, natürlichen Aromen und durchsichtige Soßen dominieren. Auch ausländische Einflüsse wurden aufgenommen, wie etwa **Rāmen, Chāhan** und **Gyōza** aus China. **Tempura** war ursprünglich portugiesisch. Heute servieren **Yaki-niku** Restaurants koreanisch gegrilltes Rindfleisch und **Famirī resutoran** bieten japanisierte Hamburger und Spaghetti an. Die besten Küchenchefs setzen ihren Stolz darauf, neue Stile aus einer Fusion der bestehenden zu entwickeln.

ESPAÑOL

Las especialidades locales varían desde el salmón estofado de Hokkaido hasta los cocidos de cerdo de Kyushu. En Tokyo y cercanías, la cocina **kantō** utiliza salsa negra de soja, mientras que la cocina rival **kansai**, originaria de Osaka y Kyoto, enfatiza los sutiles sabores naturales y prefiere salsas transparentes. La gastronomía japonesa ha absorbido también las costumbres de otros países y culturas, adoptando por ejemplo el **rāmen**, **chāhan** y **gyōza** de China; el **tempura**, por otro lado, tiene sus raíces en la cocina portuguesa. Actualmente, los restaurantes **yaki-niku** sirven ternera asada al estilo coreano, y los **famirī resutoran** ofrecen versiones japonesas de hamburguesas y espaguetis.

CHINESE

从北海道的鲑鱼火锅到九洲的煮猪肉各地的风味菜很丰富，东京周围的关东风格在烹调时使用黑色酱油，而与其相对的来自大坂和京都的关西风格则重视自然风味的微妙差别并使用透明佐料。来自海外的影响也已被当地吸收，如源于中国的拉面、炒饭和饺子，而天妇罗其实源于葡萄牙人，现在的烧烤店提供的是韩国风格的野外烧，而家庭餐馆提供的是日本式汉堡包和细条实心面。

KOREAN

홋카이도의 연어 냄비에서 부터 큐우슈의 돼지 스튜까지 지역의 특미는 다양합니다. 동경지역은, 칸토(관동) 스타일의 요리로서 진한 간장을 쓰는 반면에, 카사이(관서) 스타일인 오사카와 쿄토지역은 미묘한 천연 향과 투명한 소스를 중시합니다. 외국의 영향을 예를 들면, 라멘(라면), 차한(볶음밥), 교자(만두)는 중국에서 들어왔으며, 텐뿌라는 포르투갈이 원조입니다. 오늘날, 야끼니꾸 레스토랑에서는 한국식 바베큐스 타일이 제공되며, 패밀리 레스토랑에서는 일본화된 버거와 스파게티 등이 새로운 퓨전음식으로 개발되어 제공됩니다.

- **En** Chopsticks
- **F** Les baguettes
- **D** Eßstäbchen
- **Es** Palillos
- **C** 筷子
- **K** 젓가락

箸

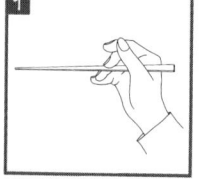
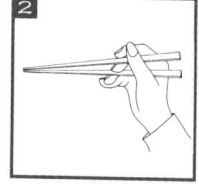
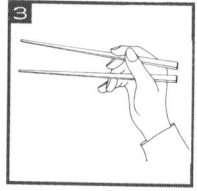
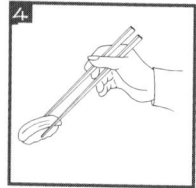
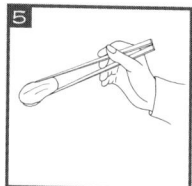

会話
KAIWA

- 🇬🇧 Useful phrases
- 🇫🇷 Phrases utiles
- 🇩🇪 Nützliche Redewendungen
- 🇪🇸 Frases utiles
- 🇨🇳 常用会话
- 🇰🇷 도움이 되는 표현들

- 🇯🇵 **Useful phrases**
- 🇫🇷 **Phrases utiles**
- 🇩🇪 **Nützliche Redewendungen**
- 🇪🇸 **Expresiones útiles**
- 🇨🇳 常用会话
- 🇰🇷 도움이 되는 표현들

会話

- 🇯🇵 Oishii **izaka-ya / soba-ya** o gozonji desu ka?　　おいしい居酒屋/そば屋をご存じですか?
- 🇬🇧 Can you recommend a good **izaka-ya / soba-ya**?
- 🇫🇷 Pouvez-vous me recommander un bon **izaka-ya / soba-ya** ?
- 🇩🇪 Können Sie ein gutes **Izaka-ya / Soba-ya** empfehlen?
- 🇪🇸 ¿Me puede recomendar un buen **izaka-ya / soba-ya**?
- 🇨🇳 你能给我推荐一家好的小酒馆/荞麦面馆吗?
- 🇰🇷 좋은 이자까야 / 소바야를 소개해 주실 수 있으세요?

- 🇯🇵 San(3)-nin suwaremasu ka?　　3人座れますか?
- 🇬🇧 Can you seat three people?
- 🇫🇷 Avez-vous de la place pour trois personnes ?
- 🇩🇪 Haben Sie noch Platz für drei Personen?
- 🇪🇸 ¿Hay sitio para tres personas?
- 🇨🇳 三个人能坐开吗?
- 🇰🇷 세사람이 앉을 수 있습니까?

- 🇯 **Dorekurai machimasu ka?** どれくらい待ちますか？
  - 🇬🇧 How long is the wait?
  - 🇫🇷 Combien de temps faudra-t-il attendre ?
  - 🇩🇪 Wie lange muß man warten?
  - 🇪🇸 ¿Cuánto tenemos que esperar?
  - 🇨🇳 要等多长时间?
  - 🇰🇷 얼마나 기다려야 합니까?

- 🇯 **Hachi(8)-ji ni san(3)-nin yoyaku dekimasu ka?** 8時に3人予約できますか？
  - 🇬🇧 Can I make a reservation for three people at 8 p.m.?
  - 🇫🇷 Je voudrais réserver pour trois personnes à 8 heures.
  - 🇩🇪 Können Sie mir einen Tisch für drei Personen für 8 Uhr reservieren?
  - 🇪🇸 ¿Puedo hacer una reserva para tres personas para las 8 de la noche?
  - 🇨🇳 晚上八点,能定一张三个人的桌子吗?
  - 🇰🇷 8시에 세사람 예약을 할 수 있습니까?

- 🇯 **Kyō no o-susume wa nan desu ka?** 今日のおすすめは何ですか？
  - 🇬🇧 What do you recommend today?
  - 🇫🇷 Quelles sont les spécialités du jour ?
  - 🇩🇪 Was können Sie heute empfehlen?
  - 🇪🇸 ¿Qué nos recomienda hoy?
  - 🇨🇳 今天有什么菜可推荐?
  - 🇰🇷 오늘의 추천 메뉴는 무엇입니까?

- 🇯 **Kore wa nan desu ka?** これは何ですか？
  - 🇬🇧 What is this?
  - 🇫🇷 Qu'est-ce que c'est ?
  - 🇩🇪 Was ist das?
  - 🇪🇸 ¿Qué es ésto?
  - 🇨🇳 这是什么?
  - 🇰🇷 이것은 무엇입니까?

🎵 Rōma-ji de kaite itadakemasu ka?　ローマ字で書いていただけますか？

- 🇬🇧 Please write this in Roman letters.
- 🇫🇷 Pourriez-vous écrire cela en caractères romains ?
- 🇩🇪 Bitte schreiben Sie das in römischem Alphabet auf.
- 🇪🇸 Hágame el favor de escribir ésto en alfabeto romano.
- 🇨🇳 请用罗马字母写下这个?
- 🇰🇷 알파벳으로 써 주실 수 있으십니까?

🎵 Kore niwa nani ga tsuite kimasu ka?　これには何が付いてきますか？

- 🇬🇧 What comes with this meal?
- 🇫🇷 En quoi consiste exactement ce plat ?
- 🇩🇪 Was gehört zu dieser Mahlzeit?
- 🇪🇸 ¿Con qué viene acompañado este plato?
- 🇨🇳 有什么菜跟这个一起上?
- 🇰🇷 이 음식에는 무엇이 같이 나옵니까?

🎵 Kore wa dorekurai no ryō desu ka?　これはどれくらいの量ですか？

- 🇬🇧 How much food is this?
- 🇫🇷 Pourriez-vous me donner une idée des quantités servies ?
- 🇩🇪 Wieviel Essen ist das?
- 🇪🇸 ¿Qué cantidad de comida es?
- 🇨🇳 这个菜有多少份量?
- 🇰🇷 이것은 얼마만큼의 양입니까?

🎵 Are o kudasai　あれを下さい。

- 🇬🇧 I want one like that, please.
- 🇫🇷 J'en voudrais un comme cela, s'il vous plaît.
- 🇩🇪 Ich möchte so eines bitte.
- 🇪🇸 Tráigame uno de esos, por favor.
- 🇨🇳 请给我来一份那样的。
- 🇰🇷 저것을 주세요.

- 🎵 **O-shokuji / o-nomi-mono wa nani ni nasaimasu ka?**　お食事/お飲物 は何になさいますか？

  - 🇬🇧 What would you like to **eat / drink**? *(waitress)*
  - 🇫🇷 Que désirez-vous **manger / boire** ? *(serveuse)*
  - 🇩🇪 Was möchten Sie **essen / trinken**? *(Kellnerin)*
  - 🇪🇸 ¿Qué desea **comer / beber**? *(camarera)*
  - 🇨🇳 您想吃/喝点儿什么？（女服务员）
  - 🇰🇷 무엇을 드시겠습니까(음료 / 식사)? (종업원)

- 🎵 **Ebi no tempura / bīru wa arimasu ka?**　海老の天ぷら/ビール はありますか？

  - 🇬🇧 Do you have **prawn tempura / beer**?
  - 🇫🇷 Est-ce que vous avez des **beignets de crevettes** / de la **bière** ?
  - 🇩🇪 Haben Sie **Garnelen-Tempura / Bier**?
  - 🇪🇸 ¿Hay **tempura de langostino / cerveza**?
  - 🇨🇳 你们有炸大虾/啤酒吗？
  - 🇰🇷 새우 텐뿌라 / 맥주가 있습니까?

- 🎵 **Ebi no tempura / bīru / kore o kudasai.**　海老の天ぷら/ビール/これを下さい。

  - 🇬🇧 I'd like **prawn tempura / beer / this one**, please.
  - 🇫🇷 Je voudrais des **beignets de crevettes** / de la **bière** / **ceci**, s'il vous plaît.
  - 🇩🇪 Ich hätte gerne **Garnelen-Tempura / Bier / dies** bitte.
  - 🇪🇸 ¿Me traería **tempura de langostino / cerveza / esto**, por favor?
  - 🇨🇳 请给我来炸大虾/啤酒/这个。
  - 🇰🇷 새우 텐뿌라 / 맥주 / 이것을 주세요.

- 🎵 **Sumimasen, sore wa gozaimasen...**　すみません、それはございません…

  - 🇬🇧 Sorry, we don't have that. *(waitress)*
  - 🇫🇷 Je suis désolée, nous n'avons pas cela. *(serveuse)*
  - 🇩🇪 Das haben wir leider nicht. *(Kellnerin)*
  - 🇪🇸 Lo siento, no hay. *(camarera)*
  - 🇨🇳 对不起，我们没有那个（菜、酒等）。（女服务员）
  - 🇰🇷 죄송합니다. 그것은 없습니다. (종업원)

🇯 Gyū-niku / kai / nattsu wa tabemasen.　牛肉/貝類/ナッツ類 は食べません。

- 🇬🇧 I don't eat **beef**, **shellfish**, **nuts**.
- 🇫🇷 Je ne mange pas de **bœuf** / de **crustacés** / de **noix, noisettes**, etc.
- 🇩🇪 Ich esse kein **Rindfleisch** / keine **Muscheln** / keine **Nüsse**.
- 🇪🇸 No como **carne de vaca** / **mariscos** / **nueces**.
- 🇨🇳 我不吃牛肉/贝类/坚果。
- 🇰🇷 쇠고기 / 조개류 / 넛츄류는 먹지 않습니다.

🇯 Watashi wa bejitarian desu.　私はベジタリアンです。

- 🇬🇧 I am vegetarian.
- 🇫🇷 Je suis végétarien / végétalien.
- 🇩🇪 Ich bin Vegetarier / Veganer.
- 🇪🇸 Soy vegetariano.
- 🇨🇳 我是素食者/严格的素食者。
- 🇰🇷 저는 채식주의자 입니다.

🇯 Sumimasen!　すみません!

- 🇬🇧 Excuse me! *(for attention)*
- 🇫🇷 S'il vous plaît ! *(pour attirer l'attention)*
- 🇩🇪 Entschuldigen Sie bitte! *(um Aufmerksamkeit bitten)*
- 🇪🇸 ¡Oiga! *(para llamar la atención)*
- 🇨🇳 对不起！（提请对方注意）
- 🇰🇷 실례합니다!

🇯 O-tsukuri shite yoroshii desu ka?　お作りしてよろしいですか?

- 🇬🇧 Do you mind me doing it for you? *(waitress)*
- 🇫🇷 Puis-je vous aider ? *(serveuse)*
- 🇩🇪 Möchten Sie, daß ich das für Sie tue? *(Kellnerin)*
- 🇪🇸 ¿Me permite que le ayude? *(camarera)*
- 🇨🇳 我来帮你不会介意吧。（女服务员）
- 🇰🇷 제가 도와 드릴까요?(종업원)

🎵 Itadakimasu!　いただきます！

- 🇬🇧 *(Thanks before eating)*
- 🇫🇷 *(mot de remerciement prononcés en début de repas)*
- 🇩🇪 *(Dank vor dem Essen)*
- 🇪🇸 *(gracias antes de empezar a comer)*
- 🇨🇳 （上菜后表示谢意）
- 🇰🇷 잘 먹겠습니다.

🎵 Gochisō sama deshita　ごちそう様でした。

- 🇬🇧 I'm full! That was delicious! *(to end meal)*
- 🇫🇷 J'ai très bien mangé. C'était délicieux! *(à la fin du repas)*
- 🇩🇪 Ich bin satt! Das war köstlich! *(am Ende der Mahlzeit)*
- 🇪🇸 Estoy satisfecho. ¡Estaba riquísimo! *(al terminar la comida)*
- 🇨🇳 我饱了，太好吃了。（结束进餐时用）
- 🇰🇷 잘 먹었습니다.

🎵 Tabako o sutte iidesu ka?　タバコを吸っていいですか？

- 🇬🇧 May I smoke?
- 🇫🇷 Est-ce que cela vous dérange si je fume ?
- 🇩🇪 Darf ich rauchen?
- 🇪🇸 ¿Puedo fumar?
- 🇨🇳 可以吸烟吗?
- 🇰🇷 담배를 피워도 괜찮습니까?

🎵 O-kanjō o onegai shimasu.　お勘定をお願いします。

- 🇬🇧 May I have the bill, please?
- 🇫🇷 L'addition, s'il vous plaît.
- 🇩🇪 Kann ich bitte die Rechnung haben?
- 🇪🇸 ¿Me trae la cuenta, por favor?
- 🇨🇳 给我帐单好吗?
- 🇰🇷 계산서를 부탁합니다.

- 🇬🇧 **Reading Japanese**
- 🇫🇷 **Charactères japonais**
- 🇩🇪 **Japanisch lesen**
- 🇪🇸 **Caracteres japonesas**
- 🇨🇳 **读日语**
- 🇰🇷 **일본어 읽기**

Some Japanese words can be written two different ways
Certains mots japonais ont deux graphies différentes
Einige japanische Wörter können auf zwei Arten geschrieben werden
Algunas expresiones japonesas se pueden escribir de dos maneras
有些日语可能有二种写法。
어떤일본어는 두가지 방법으로 쓰여집니다.

	JAPANESE	RŌMA-JI
定食	ていしょく	teishoku
	セット	setto
	ランチ	ranchi
今日のお薦め	今日のおすすめ	kyō no o-susume
一品料理	いっぴんりょうり	ippin ryōri
前菜	ぜんさい	zensai
和え物	あえもの	ae-mono
酢の物	すのもの	suno-mono
焼き物	やきもの	yaki-mono
揚げ物	あげもの	age-mono
煮物	にもの	ni-mono
鍋物	なべもの	nabe-mono
丼物	どんぶりもの	domburi-mono

メニューと言葉
MENU TO KOTOBA

- 🇬🇧 Menus & glossary
- 🇫🇷 Menus & glossaire
- 🇩🇪 Menüs & Glossar
- 🇪🇸 Menús & glosario
- 🇨🇳 菜谱&词汇表
- 🇰🇷 메뉴와 표현

SUSHI MENU 1

JAPANESE	ENGLISH	FRANÇAIS
aji	horse mackerel	chinchard, saurel
akagai	ark shell	arche de Noé
ama-ebi	sweet shrimp	crevette nordique
anago	conger eel	congre
chirashi-zushi	bowl of **sushi** (lit. scattered **sushi**)	bol de **sushi** (lit. **sushi** éparpillé)
ebi	prawn	crevette
futo-maki	thick roll w. many ingredients	gros rouleau aux nombreux ingrédients
hamachi	young yellowtail, amberjack	sériole
hirame	flounder	fausse limande, barbue
hotategai	scallop	coquille St-Jacques
ika	squid	encornet, seiche
ikura	salmon roe	œufs de saumon
inari-zushi	vinegared rice in fried **tōfu** bags (lit. fox's **sushi**)	**tōfu** farci de riz au vinaigre (lit. **sushi** du renard)

DEUTSCH	ESPAÑOL	CHINESE	KOREAN
Bastardmakrele, Holzmakrele	jurel	鲭鱼，竹策鱼	전광어
Archenmuschel	arca de Noé (almeja)	平底蚌	새고막
Nordmeergarnele	camarón dulce	甜对虾	단새우
Congeraal	congrio	大海鳗	아나고
Sushi im Schüsselchen (wörtl. verstreutes **Sushi**)	bol de **sushi** (lit. **sushi** desparramado)	寿司碗 (取散开的寿司之意)	스시 덮밥
Königsgarnele, Riesengarnele	langostino	对虾	새우
Dicke Rolle m. vielen Zutaten	rollo grueso con muchos ingredientes	由许多配料制成的厚卷儿	모듬 마끼
Jap. Seriola	sorel	琥珀小雄鲱鱼	방어
Jap. Heilbutt, Brill, Steinbutt	remol, rodaballo	大比目鱼	넙치
Pilgermuschel, Jakobsmuschel	vieira	扇贝肉	가리비
Kalmar	calamar, sepia	鱿鱼	오징어
Lachsrogen	huevas de salmón	鲑鱼子	연어알
marinierter Reis in gebrat. **Tōfu**-taschen (wörtl. Fuchs-**Sushi**)	ārroz con vinagre en bolsitas de **tofu** fritas	炸豆腐包醋米饭 (取狐狸寿司之意)	유부초밥

SUSHI MENU 2

JAPANESE	ENGLISH	FRANÇAIS
kappa-maki	cucumber roll (literally, goblin roll)	rouleau au concombre (lit. rouleau du farfadet)
maguro	tuna	thon
mirugai	geoduck/horseneck clam	mye
saba	mackerel	maquereau
sake, shake	salmon	saumon
suzuki	sea bass	loup de mer
tako	octopus	poulpe
tamago-yaki	omelet	omelette
tekka-maki	tuna roll (literally gamblers' roll)	rouleau de thon (lit. rouleau du joueur)
torigai	cockle	coques
toro	fatty tuna belly	morceau gras du thon
unagi	freshwater eel	anguille d'eau douce
uni	sea urchin roe	œufs d'oursin

DEUTSCH	ESPAÑOL	CHINESE	KOREAN
Gurkenrolle (wörtl. Geisterrolle)	rollito de pepino (lit. rollito del duende)	黄瓜卷 (取小丑之意)	오이 김말이
Tunfisch	atún	金枪鱼	참치
Sandklaffmuschel	tipo de almeja	长蛤,马蛤	미루가이
Makrele	caballa	鲭鱼	고등어
Lachs	salmón	鲑鱼	연어
Zackenbarsch, Seewolf	lubina grande	海鲈鱼	농어
Polyp, Oktopus	pulpo	章鱼	문어
Omelett	tortilla de huevo	蛋卷	계란말이
Tunfischrolle (wörtl. Spielerrolle)	rollito de atún (lit. rollito del jugador)	金枪鱼卷 (取赌徒之意)	참치 김말이
Herzmuschel	berberecho	鸟蚌	새조개
fetter Tunfischbauch	ventresca de atún	肥金枪鱼肚	참치 뱃살부위
Süßwasseraal	anguila de agua dulce	河鳗	장어
Seeigelrogen	huevas de erizo de mar	海胆子	성게

TEMPURA MENU

JAPANESE	ENGLISH	FRANÇAIS
ebi	prawn	crevette
ika	squid	encornet, seiche
kabocha	pumpkin	potiron
kaki-age	mixed fritters of chopped seafood and vegetables	friture mixte de fruits de mer + légumes
kisu	japanese whiting	merlan japonais
mai-take	hen-of-the-woods fungus	champignon brun très recherché
nasu	eggplant	aubergine
renkon	lotus root	racine de lotus
shii-take	brown mushroom	champignon brun
shishitō	small green pepper	petit poivron vert
shiso	beefsteak plant	herbe aromatique, sorte de menthe poivrée
shungiku	chrysanthemum	chrysanthème
tama-negi	onion	oignon

DEUTSCH	ESPAÑOL	CHINESE	KOREAN
Königsgarnele, Riesengarnele	langostino	对虾	새우
Kalmar	calamar, sepia	鱿鱼	오징어
Kürbis	calabaza	南瓜	호박
gemischte Meeresfrüchte + Gemüse, frittiert	buñuelo de marisco + verdura picados	海鲜丁＋蔬菜	야채＋해물튀김
Wittling	pescadilla	日本白鲽	키수 (보리멸)
Maitake Pilz	mai-take (deliciosa seta otoñal de color pardo)	山鸡野蘑菇	마이타께 (버섯의 종류)
Aubergine	berenjena	茄子	가지
Lotuswurzel	raíz de loto	莲藕	연근
Shitake Pilz	seta de color pardo	棕蘑菇	표고버섯
kl. grüner Paprika	pimiento verde pequeño	小青椒,辣椒	꽈리고추
Shiso Perilla	planta aromática parecida a la menta	牛排调味植物	시소 (깻잎같은 향이 강한 잎)
Chrysantheme	crisantemo	蓬蒿	쑥갓
Zwiebel	cebolla	洋葱	양파

TON-KATSU-YA MENU

JAPANESE	ENGLISH	FRANÇAIS
aji furai	deep-fried, breaded horse mackerel	chinchard pané et frit
chikin-katsu	deep-fried, breaded chicken breast or thigh	blanc / cuisse de poulet pané et frit
ebi furai	deep-fried, breaded prawn	crevettes panées et frites
hire-katsu	deep-fried, breaded fillet of pork	filet de porc pané et frit
kaki furai	deep-fried, breaded oyster	huîtres panées et frites
kani-kurīmu-korokke	croquette of white sauce and crab	croquette de crabe à la sauce blanche
korokke	croquette of onion, potato, pork and fish	croquette d'oignon + pomme de terre + porc / poisson
kushi-age	deep-fried, skewered meat, fish, vegetables	brochette de viande / poisson / légumes frits
kushi-katsu	deep-fried, skewered pork and green onion	brochette de porc + ciboules frites
menchi-katsu	deep-fried, breaded patty of meat and onion	petit pâté frit à la viande + oignons
mikkusu furai	assortment of deep-fried meat, fish and vegetables	assortiment de viande / poisson / légumes frits
ton-katsu	deep-fried, breaded pork cutlet	côtelette de porc panée et frite
ton-katsu sōsu	thick sweet brown sauce	sauce brune sucrée épaisse

DEUTSCH	ESPAÑOL	CHINESE	KOREAN
frittierte, panierte Holzmakrele	jurel rebozado y frito	油炸面包粉挂糊鲭鱼	생선까스
frittierte, panierte Hühnerbrust/-keule	pechuga / muslo de pollo, rebozados y fritos	油炸面包粉挂糊鸡胸肉/鸡大腿肉	치킨까스
frittierte, panierte Garnele	langostino rebozado y frito	油炸面包粉挂糊对虾	새우튀김
frittiertes, paniertes Schweinefilet	filete de cerdo rebozado y frito	油炸面包粉挂糊猪肉片	돼지휠레까스
frittierte, panierte Auster	ostra rebozada y frita	油炸面包粉挂糊牡蛎	굴튀김
Krebskrokette m. weißer Soße	croqueta con salsa blanca + cangrejo	白酱油炸丸子+螃蟹	게살 크림고로께
Krokette aus Zwiebel + Kartoffel + Schweinefl. / Fisch	croqueta de cebolla + patata + carne de cerdo / mariscos	洋葱油炸丸子+ 马铃薯 + 猪肉/鱼	고로께
Fleisch / Fisch / Gemüse am Spieß, frittiert	brochetas fritas de carne / marisco / verduras	油炸肉串/鱼/蔬菜	꼬치튀김 / 생선 / 야채
Schweinefl. + Frühlingszwiebel am Spieß frittiert	brochetas de carne de cerdo + cebolleta, fritas	油炸猪肉串 + 春洋葱	쿠시까스 (돼지 꼬치+ 양파 튀김)
Fleischlaibchen paniert, frittiert	hamburguesa de carne + cebolla, rebozada y frita	油炸面包粉挂糊肉饼+洋葱	멘치까스
frittierte Mischung aus Fleisch / Fisch / Gemüse	selección de carnes / mariscos / verduras fritas	什锦油炸肉/鱼/蔬菜	모듬튀김 (고기/생선/야채)
frittiertes, paniertes Schweinskotelett	costilla de cerdo rebozada y frita	油炸面包粉挂糊猪肉排	돈까스
dicke, süße, braune Soße	salsa dulce espesa de color marrón	浓甜棕色酱油	돈까스 소스

YAKI-TORI MENU

JAPANESE	ENGLISH	FRANÇAIS
gatsu	intestines	intestins
gin-nan	gingko nut	noix de gingko
hatsu	heart	cœur
nan-kotsu	cartilage	cartilage
rebā	liver	foie
shiro	tripe	tripes
suna-gimo	gizzard	gésier
tan	tongue	langue
teba-saki	wingtip	extrémité de l'aile
tori-kawa	chicken skin	peau de poulet
tsukune	meatballs	boulettes de viande
uzura no tamago	quail egg	œuf de caille
wasabi-yaki	chicken pieces with **wasabi**	morceaux de poulet avec **wasabi**

DEUTSCH	ESPAÑOL	CHINESE	KOREAN
Gedärme	intestinos	肠类	내장
Gingko-Nuß	nuez de gingko	白果	은행
Herz	corazón	心	심장
Knorpel	cartílago	软骨	연골
Leber	hígado	肝	간
Kaldaunen, Kutteln	callos	肚	양
Muskel-/Kaumagen	molleja	胗	모래주머니
Zunge	lengua	舌	혀
Flügelspitze	punta del ala	翅尖	날개
Hühnerhaut	piel de pollo	鸡皮	닭 껍질
Fleischklößchen	albóndigas de carne	肉丸子	미트볼
Wachtelei	huevo de codorniz	鹌鹑蛋	메추리알
Hühnerteile mit **Wasabi**	trozos de pollo con **wasabi**	辣根鸡块	닭 와사비구이

SOBA-YA MENU

JAPANESE	ENGLISH	FRANÇAIS
hiya-mugi	medium wheat noodles dipped in cold broth	nouilles moyennes de froment servies froides
kake-soba / -udon	noodles in plain, hot broth	nouilles dans bouillon chaud
kama-age-udon	**udon** dipped in hot broth	**udon** trempé dans bouillon chaud
kamo-namban -soba / -udon	noodles, + duck, + leek (literally, barbarian-style duck)	nouilles + canard + poireau (lit. canard à la barbare)
karē-udon	**udon** and curry sauce	**udon** à la sauce au curry
kitsune-soba / -udon	noodles + deep-fried **tōfu** (literally, fox's noodles)	nouilles + **tōfu** frit (lit. nouilles du renard)
mori-soba	**soba** dipped in cold broth	**soba** trempé dans bouillon froid
okame-soba / -udon	noodles, + **kamaboko** + vegetables (in the shape of a face)	nouilles + **kamaboko** + légumes (en forme de visage)
sōmen	thin wheat noodles dipped in cold broth	fines nouilles de froment trempées dans bouillon froid
tanuki-soba / -udon	noodles + **tempura** batter (literally, badger's noodles)	nouilles + friture de **tempura** (lit. nouilles du blaireau)
tempura-soba / -udon	noodles + prawn **tempura**	nouilles + **tempura** de crevettes
tsukimi-soba / -udon	noodles + raw egg (literally, full-moon noodles)	nouilles + œuf cru (lit. nouilles de pleine lune)
zaru-soba	**nori** + **soba** dipped in cold broth	**nori** + **soba** trempées dans bouillon froid

DEUTSCH	ESPAÑOL	CHINESE	KOREAN
mitteldicke Weizennudeln in kalte Brühe getunkt	fideos de trigo medianos mojados en caldo frío	清汤冷水面	물 냉면
Nudeln in klarer, heißer Brühe	fideos en caldo caliente	清汤热水面	카께소바/ 우동
Udon in heiße Brühe getunkt	**udon** mojados en caldo caliente	热汤乌冬面	냄비우동
Nudeln + Ente + Lauch (wörtl. Ente nach Barbarenart)	fideos + pato + puerros (lit. pato a la bárbara)	面条 + 鸭子 + 韭菜 (取粗犷风格 鸭子之意)	오리 남반 소바 / 우동
Udon + Currysoße	**udon** + salsa curry	加咖喱酱的乌冬面	카레 우동
Nudeln + frittierter **Tōfu** (wörtl. Fuchsnudeln)	fideos + **tōfu** frito (lit. fideos del zorro)	面条 +油炸豆腐 (取狐狸面之意)	키쯔네 소바 / 우동
Soba in kalte Brühe getunkt	**soba** mojada en caldo frío	冷荞麦面	모밀국수
Nudeln + **Kamaboko** + Gemüse (in Form eines Gesichts)	fideos + **kamaboko** + verdura (con forma de rostro)	面条 + 鱼糕 + 蔬菜 (脸形)	어묵 소바 / 우동
dünne Weizennudeln in kalte Brühe getunkt	fideos delgados de trigo mojados en caldo frío	清汤细冷面	소면
Nudeln + **Tempura**-Teig (wörtl. Dachsnudeln)	fideos + batido de **tempura** (lit. fideos del tejo)	面条 + 天妇罗 (獾式面)	다누끼 소바 / 우동
Nudeln + Garnelen-**Tempura**	fideos + **tempura** de langostino	面条+天妇罗虾	텐뿌라 소바 / 우동
Nudeln + rohes Ei (wörtl. Vollmondnudeln)	fideos + huevo crudo (lit. fideos de luna llena)	面条 + 生鸡蛋 (取满月面条之意)	생계란 소바 / 우동
Nori + **Soba**, in kalte Brühe getunkt	**nori** + **soba** mojados en caldo frío	紫菜+荞麦冷面	김 모밀국수

CHŪKA MENU

JAPANESE	ENGLISH	FRANÇAIS
chāhan	mixed fried rice	friture de riz mixte
chāshū-men	**rāmen** in broth + roast pork	**rāmen** servi dans bouillon + porc rôti
chūka-don	**domburi** of pork or prawn + vegetables	**domburi** de porc / crevettes + légumes
gyōza	fried crescent dumplings of meat + vegetables	beignets à la viande et aux légumes en forme de croissant
hiyashi-chūka	cold sweet + sour **rāmen** + ham + vegetables	**rāmen** aigre-doux froid + jambon + légumes
kata-yaki-soba	deep-fried egg noodles + meat + vegetables	nouilles aux œufs frites + viande + légumes
miso-rāmen	**rāmen** in **miso** broth	**rāmen** dans bouillon de **miso**
shio-rāmen	**rāmen** in salty broth	**rāmen** dans bouillon salé
subuta	sweet & sour pork	porc aigre-doux
tan-men	**shio-rāmen** + fried vegetables	**shio-rāmen** + légumes frits
tenshin-don	crab omelet **domburi**	**domburi** à l'omelette au crabe
ton-kotsu rāmen	**rāmen** in pork broth	**rāmen** dans bouillon au porc
yaki-soba	stir-fried egg noodles + meat + vegetables	nouilles aux œufs sautées avec viande + légumes

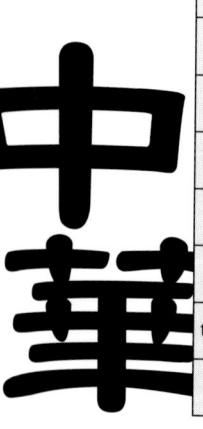

DEUTSCH	ESPAÑOL	CHINESE	KOREAN
gebratener gemischter Reis	arroz frito mixto	炒饭	볶음밥
Rāmen in Brühe + Schweinebraten	caldo con **rāmen** + carne de cerdo al horno	肉汤拉面 + 烤猪肉	챠슈면 (돼지고기라면)
Domburi aus Schweinefl. / Garnele + Gemüse	**domburi** de carne de cerdo / langostino + verduras	猪肉盖浇饭 / 对虾+蔬菜	중화덮밥 (돼지고기+새우+야채)
gebratene Hörnchen aus Fleisch + Gemüse	bolas fritas con forma de media luna, rellenas de carne + verduras	油炸月牙肉丸+蔬菜	교자(군만두)
kalte, süßsaure **Rāmen** + Schinken + Gemüse	**rāmen** agridulce frío + jamón + verduras	甜酸凉拉面 + 火腿+蔬菜	중국식 비빔냉면
frittierte Eiernudeln + Fleisch + Gemüse	fideos de huevo fritos + carne + verduras	炒鸡蛋面 + 肉 + 蔬菜	튀김면+고기+야채
Rāmen in **Miso**suppe	caldo de **miso** con **rāmen**	酱汤拉面	미소라멘 (된장맛라면)
Rāmen in salziger Brühe	caldo salado con **rāmen**	咸汤拉面	시오라멘 (소금맛라면)
süßsaures Schweinefleisch	carne de cerdo agridulce	糖醋里脊	수부타 (단맛과 신맛이 나는 돼지고기요리)
Shio-Rāmen + gebratene Gemüse	**shio-rāmen** + verduras fritas	咸拉面+油炸蔬菜	소금맛 라면 + 야채볶음
Krebsomelett **Domburi**	**domburi** con tortilla de cangrejo	螃蟹蛋卷盖浇饭	게살 오므렛덮밥
Rāmen in Schweinefleischbrühe	caldo de carne de cerde con **rāmen**	猪肉汤拉面	돼지뼈국물 라면
Eiernudeln + Fleisch + Gemüse unter Rühren gebraten	sofrito de fideos de huevo + carne + verduras	蛋炒面 + 肉 + 蔬菜	볶음면

ODEN MENU

JAPANESE	ENGLISH	FRANÇAIS
atsu-age	thick-sliced **tōfu**, deep-fried outside only	tranches épaisses de **tōfu**, saisies dans friture
chikuwa	steamed tube of fish and egg paste	tube de pâte cuite de poisson et d'œuf
daikon	white radish	radis japonais
gan-modoki	ball of deep-fried **tōfu** + vegetables (literally, mock wild goose)	**tōfu** + légumes frits (lit. fausse oie sauvage)
hampen	boiled cake of white fish + yam	boulette de poisson blanc + igname
ika-ten	deep-fried ball of squid + fish paste	croquette d'encornet frite + concentré de poisson
jaga-imo	potato	pomme de terre
kombu	kelp	varech
konnyaku	vegetarian jelly from devil's tongue plant	gelée végétarienne à base de plante
ninjin	carrot	carotte
tako	octopus	poulpe
tōfu	soybean curd	pâte de soja
yude tamago	boiled egg	œuf dur

DEUTSCH	ESPAÑOL	CHINESE	KOREAN
dicke **Tōfu**scheiben, frittiert	rodajas gruesas de **tōfu**, fritas muy ligeramente	脆皮豆腐	유부튀김
gedämpfte Fisch- u. Eipastete	manga de pasta de pescado y huevo, cocida al vapor	蒸鱼管+蛋糊	찌꾸와(어묵)
weißer Rettich	rábano blanco	白萝卜	무우
frittierter **Tōfu** + Gemüse (wörtl. falsche Wildgans)	**tōfu** frito + verduras (lit. ganso silvestre falso)	油炸豆腐丸子+蔬菜(仿野鹅式)	튀김두부+야채
gekochter Kuchen aus weißem Fisch + Jamswurzel	budín hervido de pescado blanco + ñame	白鱼蛋羹+山药	함펜(어묵)
frittierte Bällchen aus Kalmar + Fischpastete	albóndiga frita de pasta de calamar + pescado	油炸乌贼球丸+鱼酱	오징어 튀김+생선반죽
Kartoffel	patata	马铃薯	감자
Kelpalge	algas marinas	海藻	다시마
vegetarisches Gelee aus Konnyaku	gelatina vegetariana (extraída de la planta lengua del diablo)	芦荟素果冻	곤양묵
Karotte	zanahoria	胡萝卜	당근
Oktopus, Polyp	pulpo	章鱼	문어
Tofu, Sojabohnenquark	cuajada de semilla de soja	豆腐	두부
gekochtes Ei	huevo duro	煮鸡蛋	삶은 계란

NOMI-MONO MENU

JAPANESE	ENGLISH	FRANÇAIS
bīru	beer	bière
chūhai	**shōchū** + soda water + flavoring syrup	**shōchū** + eau de Seltz + sirop aromatisé
kō-cha	English-style tea	thé anglais
kōhī	coffee	café
mat-cha	foamy green tea for tea ceremony	thé vert mousseux pour cérémonie du thé
mizu	water	eau
mizuwari	whisky + water	whisky + eau
nihon-shu	**sake**, brewed rice wine	**sake**, alcool de riz
o-cha	tea, usually green	thé, généralement vert
orenji-jūsu	orange squash, / juice	orangeade / jus d'orange
shōchū	strong spirit made from grain / potato	alcool fort de grain / pomme de terre
ume-shu	sweet liqueur of **shōchū** + Japanese apricot	liqueur de **shōchū** + abricot japonais
ūron-cha	Chinese oolong tea	thé chinois oolong

DEUTSCH	ESPAÑOL	CHINESE	KOREAN
Bier	cerveza	啤酒	맥주
Shōchū + Sodawasser + Sirup	**shōchū** + soda + jarabe aromatizante	烧酒+ 苏打水 +调味果汁	소주 + 토닉워터 + 향시럽
engl. Tee	té inglés	英式茶	홍차
Kaffee	café	咖啡	커피
schäumender grüner Tee f. Teezeremonie	té verde espumoso para la ceremonia del té	专供下午茶的 泡沫绿茶	말차
Wasser	agua	水	물
Whisky + Wasser	whisky + agua	威士忌酒 +水	위스키 + 생수
Sake, gebrauter Reiswein	**sake**, vino fuerte de arroz	米酒,酿造米酒	정종
Tee, meist grün	té, generalmente verde	茶, 普通绿茶	녹차
Orangenlimonade /–saft	zumo de naranja / naranjada	榨橘汁	오렌지 쥬스
Korn-/ Kartoffelschnaps	aguardiente a base de cereal / patata	谷类/马铃薯制烈酒	소주
süßer Likör aus **Shōchū** + jap. Aprikose	licor dulce de **shōchū** + albaricoque japonés	蒸馏甜烧酒+日本杏子	매실주
Chinescher Oolong-Tee	té chino oolong	中国乌龙茶	우롱차

- 🇬🇧 Glossary
- 🇫🇷 Glossaire
- 🇩🇪 Glossar
- 🇪🇸 Glosario
- 🇨🇳 词汇
- 🇰🇷 표현

JAPANESE	ENGLISH	FRANÇAIS
abura-age	thin-sliced **tōfu**, deep-fried	tranches fines de **tōfu** frites
ae-mono, -ae	fish / vegetables + thick dressing	poisson / légumes + sauce épaisse
age-dashi-dōfu	**shōyu** + ginger + deep-fried, floured **tofu**	**tōfu** pané et frit + **shōyu** + gingembre
age-mono, -age	deep-fried	frit
ankō-nabe	**nabe-mono** of simmered monkfish	**nabe-mono** mijoté avec lotte
asari-jiru	clam + **miso** soup	soupe de palourde + **miso**
atsu-age	thick-sliced **tōfu**, deep-fried outside only	grosses tranches de **tōfu** saisies dans friture
beni-shōga	red pickled ginger	gingembre dans marinade rouge
bentō	boxed meal, originally for take-out	repas en boîte, parfois à emporter
buri	yellowtail (fish)	sériole
buta-niku	pork	porc
buta no kaku-ni	braised pork belly	poitrine de porc braisée
chanko-nabe	mixed **nabe-mono** for sumo wrestlers	**nabe-mono** varié pour lutteurs de sumo

DEUTSCH	ESPAÑOL	CHINESE	KOREAN
dünne, frittierte **Tōfu**scheiben	lonchas delgadas de **tōfu**, fritas	炸薄豆腐片	유부
Fisch / Gemüse + dickflüssige Marinade	pescado / verduras + aliño espeso	鱼/蔬菜+浓调料	생선 / 야채 + 양념
Shōyu + Ingwer + frittierter **Tōfu**	**shōyu** + jengibre + **tōfu** enharinado y frito	酱油+姜+油炸碎豆腐	아게다시 도우후 (일본식두부요리)
frittiert	frito en aceite abundante	油炸	튀김
Nabe-mono aus gekochtem Seeteufel	**nabe-mono** de rape cocido a fuego lento	慢煮和尚鱼火锅	나베모노 (아귀찜 냄비)
Suppe aus Sandklaffmuschel + **Miso**	sopa de almejas + **miso**	蛤蜊+日式酱汤	바지락조개 된장국
dicke, **Tōfu**scheiben, frittiert	rodajas gruesas de **tōfu**, fritas muy ligeramente	脆皮豆腐	두부튀김
rot eingelegter Ingwer	jengibre en escabeche rosado	红色腌姜	초밥용 붉은 생강
Mahlzeit im Kästchen, urspr. z. Mitnehmen	comida en una caja, originalmente para llevar	盒饭 (原来为携带方便)	도시락
Gelbschwanz (Fisch)	sorel, lenguado	鲱(鱼)	방어
Schweinefleisch	carne de cerdo	猪肉	돼지고기
geschmorter Schweinebauch	panceta de cerdo braseada	炖猪肚	돼지조림
gemischtes **Nabe-mono** für Sumo-Ringer	**nabe-mono** mixto para luchadores de sumo	相扑选手的火锅	모듬 냄비

JAPANESE	ENGLISH	FRANÇAIS
cha-soba	**soba** made of green tea	**soba** au thé vert
chawan-mushi	steamed egg custard + chicken / prawn / gingko nut	crème d'œufs + poulet / crevettes / noix de gingko
chō-shoku	breakfast	petit-déjeuner
chūka	Japanese-style Chinese food	cuisine chinoise accommodée à la japonaise
chū-shoku	lunch	déjeuner
daikon-oroshi	grated white radish	radis japonais râpé
dashi	stock, usually kelp / **katsuo-bushi**	bouillon, généralement de varech / **katsuo-bushi**
dengaku	grilled, skewered fish / **tōfu** / vegetables + **miso**	brochette de poisson grillé / **tōfu** / légumes + **miso**
dezāto	dessert	dessert
dobin-mushi	clear soup + chicken / fish + vegetables, in a teapot	consommé au poulet / poisson / légumes, servi dans théière
domburi, -don	bowl of rice + meat / vegetables / fish topping	bol de riz + garniture de viande / légumes / poisson
ebi	prawn	crevette
fugu	blowfish	poisson-globe

DEUTSCH	ESPAÑOL	CHINESE	KOREAN
Soba mit Grüntee im Nudelteig	**soba** de té verde	绿茶制成的荞麦面条	녹차 소바
gedämpfte Eierspeise + Huhn / Garnelen / Gingkonuß	cuajadas de huevo + pollo / langostino / nuez de gingko	蒸蛋羹 +鸡肉 / 对虾 /白果	차완무시 (일본식 계란찜)
Frühstück	desayuno	早餐	아침식사
japanisierte chinesische Speisen	comida china adaptada al gusto japonés	日式中华料理	일식 중화요리
Mittagessen	almuerzo	午餐	점심
geriebener weißer Rettich	rábano blanco rallado	白萝卜条	무우 갈이
Brühe, meist Kelpalge / **Katsuo-bushi**	caldo, generalmente de alga marina / **katsuo-bushi**	汤, 海带/木松鱼	기본 조미료 / 가쯔오부시
Fisch / **Tōfu** / Gemüse am Spieß gegrillt + **Miso**	brochetas de pescado / **tōfu** / verduras + **miso**	烤鱼串 /豆腐 /蔬菜 +酱	생선 + 두부 + 야채 + 미소된장 의 꼬치 구이
Nachspeise	postre	餐后甜点	후식
klare Suppe + Huhn / Fisch / Gemüse, in der Teekanne	caldo ligero + pollo / pescado / verduras, en tetera	清汤 +鸡肉 / 鱼 /蔬菜,茶	닭고기 + 생선 + 야채와 맑은 국물
eine Schüssel Reis + Fleisch / Gemüse / Fisch	bol de arroz cubierto de carne / verdura / pescado	肉 / 蔬菜 / 鱼盖浇饭	덮밥류
Königsgarnele, Riesengarnele	langostino	对虾	새우
Kugelfisch	pez globo, tamboril	河豚	복

JAPANESE	ENGLISH	FRANÇAIS
furai	deep-fried, breaded	pané et frit
gohan	boiled rice	riz nature
goma	sesame	sésame
gyū-don	beef **domburi**	**domburi** au bœuf
gyū-niku	beef	bœuf
hakusai	chinese cabbage	choux chinois
harusame	bean / potato flour vermicelli (literally, spring rain)	vermicelles de farine de haricot / pomme de terre
hashi	chopsticks	baguettes
higawari teishoku	set meals of the day	menu fixe changé quotidiennement
hiya-yakko	cold **tōfu** + ginger + **katsuo-bushi**	**tōfu** froid + gingembre + **katsuo-bushi**
ichimi tōgarashi	red chili powder	poudre de piment rouge
ika	squid	encornet, seiche
ikura-oroshi	salmon roe + grated radish	œufs de saumon + radis râpé

DEUTSCH	ESPAÑOL	CHINESE	KOREAN
paniert, frittiert	rebozado y frito en aceite abundante	油炸面包粉挂糊	튀김
gekochter Reis	arroz hervido	煮米饭	밥
Sesam	sésamo	芝麻	참깨
Rindfleisch **Domburi**	**domburi** de ternera	牛肉盖浇饭	쇠고기 덮밥
Rindfleisch	carne de ternera	牛肉	쇠고기
Chinakohl	col china	中国卷心菜	배추
Fadennudeln aus Bohnen-/Kartoffelmehl (wörtl. Frühlingsregen)	fideos de harina de habas / patata (lit. lluvia de primavera)	豆子 / 马铃薯粉条 (春雨式)	당면
Eßstäbchen	palillos	筷子	젓가락
Tagesmenü	menú fijo que varía cada día	当天的定餐	오늘의 스페셜 정식
kalter **Tōfu** + Ingwer + **Katsuo-bushi**	**tōfu** frío + jengibre + **katsuo-bushi**	冷豆腐 + 姜 + 木松鱼	두부 냉채
rotes Chilipulver	guindilla (ají picante) en polvo	红辣椒粉	고춧가루
Kalmar	calamar, sepia	乌贼	오징어
Lachsrogen + geriebener Rettich	huevas de salmón + rábano rallado	鲑鱼子+萝卜条	연어알 + 무우 갈이

JAPANESE	ENGLISH	FRANÇAIS
ippin ryōri	a la carte (literally, single dish cuisine)	à la carte (lit. cuisine à plat unique)
izaka-ya	pub with cheap food and drink	bar servant de la nourriture et des boissons bon marché
jaga-imo, imo	potato	pomme de terre
kaba-yaki	charcoal-grilled fish, usually eel	poisson grillé sur charbon de bois, généralement anguille
kai, -gai	shellfish, mollusks	coquillages
kaiseki ryōri	tea ceremony meal / formal haute cuisine	repas de cérémonie du thé / haute cuisine formelle
kaki	oyster	huître
kamaboko	steamed fish-paste loaf	pain de purée de poisson cuit à la vapeur
kanten	agar-agar vegetarian jelly	gelée végétarienne d'agar-agar
kappō	informal high-class restaurant	restaurant de grand standing mais informel
kara-age	deep-fried, floured	fariné et frit
karashi	hot mustard	moutarde forte
karē-raisu	rice + curry sauce of meat / fish / vegetables	riz + sauce au curry avec viande / poisson / légumes

DEUTSCH	ESPAÑOL	CHINESE	KOREAN
à la carte (wörtl. Einzelgerichte)	a la carta (lit. cocina de plato único)	按菜单点菜	일품요리
Gaststätte f. preisgünstiges Essen u. Getränke	bar-restaurante donde sirven bebidas y comida económicas	有廉价的食物和饮料的酒馆	이자까야
Kartoffel	patata	马铃薯	감자
Fisch, meist Aal, vom Holzkohlengrill	pescado asado a la barbacoa, normalmente anguila	炭烤鱼,一般为鳗鱼	생선 숯불구이
Schalentier	molusco	贝类,软体动物	조개류
Teezeremonie / formelle feine Küche	cocina de categoría / comida que acompaña la ceremonia del té	茶点 /正式的浓香烹调风格	일본 차례 음식 / 고급 정통음식
Auster	ostra	牡蛎	굴
gedämpfte Fischpastete	budín de pasta de pescado, cocido al vapor	鱼酱面包	어묵
Agar-Agar	gelatina vegetariana hecha con agar-agar	琼脂素果冻	칸텐 (아채로 만들어진 묵)
gemütliches, feines Restaurant	restaurante de categoría pero de carácter informal	非正式的高级餐厅	격식없는 고급 음식점
in Mehl gewendet + frittiert	enharinado y frito en aceite abundante	挂糊油炸	튀김
scharfer Senf	mostaza picante	热芥末	겨자
Reis + Fleisch / Fisch / Gemüse-Curry	arroz + salsa curry con carne / pescado / verduras	米饭 +咖喱肉酱 /鱼/蔬菜	카레라이스

JAPANESE	ENGLISH	FRANÇAIS
katsu	deep-fried, breaded meat / fish	viande / poisson pané(e) et frit(e)
katsu-don	**ton-katsu** + egg **domburi**	**domburi** au **ton-katsu** + œuf
katsuo-bushi	dried bonito (fish), for flavoring	bonite sèche, utilisée comme condiment
katsuo no tataki	seared raw bonito + ginger + vinegar / **shōyu**	bonite saisie + gingembre + vinaigre / **shōyu**
kayaku-gohan	chopped meat / fish / vegetables / boiled with rice	émincé de viande / poisson / légumes, cuit avec du riz
kimpira gobō	sweet, stir-fried burdock + **shōyu** + sesame	bardane sautée dans sauce sucrée + **shōyu** + sésame
kishimen	flat **udon** from Nagoya region	**udon** plates, région de Nagoya
konnyaku	vegetarian jelly from devil's tongue plant	gelée végétarienne à base de plante
koshō	ground white pepper	poivre blanc moulu
kuri	sweet chestnuts	châtaignes
kushi-age	deep-fried, breaded skewers of meat / fish + vegetables	brochettes de viande poisson / légumes / poisson panées et frites
kyūri	cucumber	concombre
maki-zushi, -maki	roll of **sushi** + **nori**	**sushi** en forme de rouleau avec **nori**

DEUTSCH	ESPAÑOL	CHINESE	KOREAN
Fleisch / Fisch paniert + frittiert	carne / pescado rebozados y fritos	油炸的面包粉挂糊肉/鱼	까스
Ton-katsu + Ei **Domburi**	**domburi** de **ton-katsu** + huevo	炸猪排+蛋盖浇饭	돈까스 + 계란 덮밥
getrockneter Bonito (Fisch), als Würzmittel	bonito desecado, usado como condimento	干鲣 (鱼),作为调料	다다랭이 말림
roher Bonito + Ingwer + Essig / **Shōyu**	bonito crudo + jengibre + vinagre / **shōyu**	生烤鲣+ 姜 +醋 /酱油	다다랭이 회
Fleisch / Fisch / Gemüse, gehackt u.m. Reis gekocht	carne / pescado / verduras picados, hervidos con arroz	碎肉/鱼/蔬菜煮米饭	다진 고기 + 생선 + 야채 + 밥 조림
süße gebratene Klette + **Shōyu** + Sesam	sofrito dulce de bardana + **shōyu** + sésamo	油炸甜牛旁+酱油 + 芝麻	우엉 + 간장 + 깨조림
Bandnudel **Udon** aus Nagoya	**udon** planos, típicos de la región de Nagoya	名古屋宽乌冬面	기스면
Konnyaku	lengua de diablo (planta)	芦荟素果冻	콘냐꾸(곤양묵)
gemahlener weißer Pfeffer	pimienta blanca molida	白胡椒	후추
Eßkastanien	castañas dulces	甜栗子	밤
Fleisch / Fisch / Gemüse am Spieß, paniert + frittiert	brochetas rebozadas y fritas de / carne / pescado verduras	油炸的面包粉挂糊肉/鱼/蔬菜串	쿠시아게 (꼬치 튀김)
Gurke	pepino	黄瓜	오이
Rolle aus **Sushi** + **Nori**	rollo de **sushi** + **nori**	寿司卷 +海苔	마끼 (김말이)

JAPANESE	ENGLISH	FRANÇAIS
makunouchi bentō	**bentō** of rice + ten kinds of food	**bentō** de riz + dix types d'ingrédients
matsuzaka gyū	marbled beef	bœuf marbré
maze-gohan	meat / fish / vegetables mixed with boiled rice	mélange de viande / poisson / légumes et riz nature
men, -men	any noodles	nouilles
mirin	sweet alcoholic flavoring	arôme sucré alcoolisé
miso	fermented paste of soybean + grain	pâte de graines de soja fermentées
miso-shiru	**miso** soup	soupe au **miso**
mochi	glutinous rice cake	boulette de riz glutineux
momiji-oroshi	grated white radish + red chili	radis japonais + piment rouge râpés
mori-awase	assortment	assortiment
mozuku	thread-like seaweed	algues très fines
mushi-mono, -mushi	steamed	cuit à la vapeur
nabe-mono, -nabe	dish cooked in one pot, often at the table	plat cuit dans un pot, souvent devant les convives

DEUTSCH	ESPAÑOL	CHINESE	KOREAN
Bentō aus Reis + zehn Speisen	**bentō** de arroz + diez tipos de comida	米饭盒饭 + 十种食物	특선 도시락
durchzogenes Rindfleisch	carne de vaca veteada	五花牛肉	고급 쇠고기
Fleisch / Fisch / Gemüse m. Reis vermischt	carne / pescado / verduras mezclados con arroz hervido	肉 / 鱼 / 蔬菜煮饭	고기 / 생선 / 야채가 들어간 밥
Nudeln	fideos o tallarines	各种面条	면류
süßes alkoholisches Würzmittel	aromatizante alcohólico dulce	甜酒调料	미린
fermentierte Paste aus Soja + Getreide	pasta de germen de soja + grano fermentada	发酵豆瓣+谷物酱	미소된장
Misosuppe	sopa de **miso**	酱汤	미소된장국
Klebereisklößchen	pastellillo de arroz glutinoso	粘米糕	떡
geriebener weißer Rettich + roter Chili	rábano blanco + guindilla rallados	白萝卜条 +红辣椒	무우 + 고추
Auswahl, Mischung	selección	什锦	모듬
Mozuku, fadenartige Alge	algas marinas con aspecto de hilo	细海草	해초류의 일종
gedämpft	cocido al vapor	蒸	찜
Eintopfgericht, oft am Tisch gekocht	cocido, a menudo preparado en la mesa	火锅	냄비 요리

JAPANESE	ENGLISH	FRANÇAIS
nattō	fermented soybeans	graines de soja fermentées
nattsu	nuts	noix, noisettes, etc
negi	green onions	ciboule
niku	meat	viande
niku-jaga	simmered meat + potato	viande + pommes de terre mijotées
ni-mono, -ni	simmered / braised	mijoté / braisé
nin-niku	garlic	ail
nomi-mono	drinks	boissons
nomi-ya	bar	bar
nori	dried laver seaweed	algue marine séchée
o-	polite prefix	préfixe de politesse
o-cha-zuke	rice + tea / broth + shredded fish / pickles	riz + thé / bouillon + émincé de poissons / pickles
oden	stewed **nabe-mono** of **tōfu** + vegetables + fishcake	**nabe-mono** mijoté avec **tōfu** + légumes + croquette de poisson

DEUTSCH	ESPAÑOL	CHINESE	KOREAN
fermentierte Sojabohnen	semillas de soja fermentadas	发酵豆瓣	낫또 (청국장과 같은 맛과 향)
Nüsse	nueces	坚果	콩 (넛츠)
Frühlingszwiebeln	cebolletas	春洋葱, 威尔士洋葱	파
Fleisch	carne	肉	육류 / 고기
gekochtes Fleisch + Kartoffel	carne + patatas cocidos a fuego lento	文火煮肉+马铃薯	쇠고기 + 감자 조림
gekocht, gegart	cocido a fuego lento / estofado	文火煮 /炖煮	조림
Knoblauch	ajo	大蒜	마늘
Getränke	bebidas	饮料	음료
Bar	bar	酒吧	바
Nori, getrocknete Laver-Alge	alga marina seca	干紫菜	김
höfliche Vorsilbe	prefijo de cortesía	文雅的前言	명사앞에 공손한 표현을 위해 붙이는 표현
Reis + Tee / Brühe + zerpflückter Fisch / Pickles	arroz + té / caldo + pescado / encurtidos picados	米饭 +茶 /肉汤 +鱼片/咸菜	오차즈케 (녹차 말이밥)
Nabe-mono aus **Tōfu** + Gemüse + Fischlaibchen	**nabe-mono** de **tōfu** + verdura + bola de pescado	炖豆腐 + 蔬菜 + 鱼糕火锅	오뎅

JAPANESE	ENGLISH	FRANÇAIS
o-fu, -bu	wheat gluten	gluten de blé
ohitashi	cold roll of spinach + dressing	rouleau froid d'épinard avec assaisonnement
o-kashi,-gashi	confectionery / cakes / rice crackers	sucreries / pâtisseries / gâteaux de riz
o-kayu, -gayu	rice porridge	gruau de riz
okazu	any dish to accompany rice	tout plat servi avec du riz
okonomi-yaki	thick savory pancake, cooked at the table	crêpe épaisse salée, cuite devant les convives
o-makase	chef's choice meal	sélection du chef
o-nigiri, o-musubi	hand-held balls of rice + fish / vegetable filling	boulettes de riz farcies de poisson / légumes
o-suimono	clear soup	consommé
o-susume	recommendation	recommandation
o-tōshi, tsukidashi	hors d'oeuvres, often complimentary	hors-d'œuvre, souvent gratuits
oyako-don	chicken + egg **domburi** (literally, parent + child)	**domburi** au poulet + œuf (lit. parent et enfant)
o-zendate	place setting	à table

DEUTSCH	ESPAÑOL	CHINESE	KOREAN
Weizengluten	gluten de trigo	面筋	오후 (밀가루 글루텐)
kalte Rolle aus Spinat + Marinade	rollo frío de espinacas + aliño	冷菠菜卷+调料	시금치 냉채
Konfekt / Kuchen / Reiscracker	confites / pasteles / galletas de arroz	糖果/蛋糕/米饼	과일/ 케익/ 떡
dünner Reisbrei	gachas de arroz	米粥	죽
jede Speise, zu der Reis paßt	cualquier plato para acompañar el arroz	各种米饭佐菜	반찬
dicker, salziger Pfannkuchen, am Tisch zubereitet	crêpe o torta salada gruesa, frita en la mesa	在桌子现做的开胃烙饼	오꼬노미야끼 (부침종류)
Empfehlung des Kochs	menu escogido por el chef	厨师可选择菜肴	주방장 특선
Reisbällchen m. Fisch / Gemüse gefüllt, mit der Hand zu essen	bolas de arroz + relleno de pescado / verduras	鱼/蔬菜饭团	주먹밥
klare Suppe	caldo, sopa clara	清汤	맑은 국
Empfehlung	recomendación	推荐	추천
Vorspeise, oft gratis	entremeses, a menudo obsequio de la casa	餐前小吃 通常免费赠送的	밑반찬
Huhn + Ei **Domburi** (wörtl. Eltern + Kind)	**domburi** de pollo + huevo (lit. madre e hijo)	鸡肉+蛋盖浇饭(亲子饭)	닭 + 계란 덮밥
Gedeck	lugar de la comida	摆设座位	밥상 차림

JAPANESE	ENGLISH	FRANÇAIS
ponzu	citrus juice, used in sauce	sauce au jus de citron
rāmen	wheat + egg noodles, served with broth	nouilles de froment et aux œufs, servies avec bouillon
ranchi	lunch	déjeuner
robata-yaki	style of grilling in front of diners (literally, hearthside)	grillades préparées devant les convives (lit. foyer)
ryōri	cuisine, cookery	cuisine
ryō-tei	traditional haute cuisine restaurant	restaurant servant de la haute cuisine traditionnelle
saba	mackerel	maquereau
sakana, -zakana	fish	poisson
sake, -zake	brewed rice wine	alcool de riz fermenté
sanma	saury	orphie maquereau
sansai	seasonal plants (literally mountain vegetables)	plantes saisonnières (lit. légumes de montagne)
sanshō	bitter peppery spice	épice poivrée et amère
sashimi	raw fish / meat	poisson / viande cru(e)

DEUTSCH	ESPAÑOL	CHINESE	KOREAN
Zitronensaft, z. Tunken	zumo de cítrico, usado en salsas	橘汁,用于调味	폰즈 (새콤한 소스)
Eiernudeln in Brühe	fideos de huevo + trigo servidos con caldo	方便面	라면
Mittagessen	almuerzo	午餐	점심
Grillzubereitung vor d. Gast (wörtl. am Kamin)	asado frente a los comensales (lit. junto al fogón)	用餐者面前的烧烤铁格子的样式(炉边)	로바다야끼
Küche, Kochkunst	arte de cocinar	食物烹调方法	요리
traditionelles feines Restaurant	restaurante de alta cocina de tipo tradicional	传统的浓香烹调风格餐厅	요정
Makrele	caballa	鲭	고등어
Fisch	pescado	鱼	생선
gebrauter Reiswein	vino fuerte de arroz	酿造米酒	정종
Kurzschnabel-Makrelenhecht	paparda (pescado)	刀鱼,鲭	꽁치
Pflanzen in Saison (wörtl. Berggemüse)	plantas de temporada (lit. verduras de la montaña)	季节性植物(山菜)	산채
bitteres, pfeffriges Gewürz	condimento amargo y picante	苦胡椒	산초
roher Fisch / rohes Fleisch	pescado / carne crudos	生鱼/肉	사시미

JAPANESE	ENGLISH	FRANÇAIS
satō	sugar	sucre
satsuma-age	deep-fried fishcake	croquette de poisson frite
satsuma-imo	sweet potato	patate douce
setto	set meal	menu fixe
shabu-shabu	beef + vegetables dipped in boiling stock at the table	bœuf et légumes plongés dans bouillon chaud
shichimi tōgarashi	seven spice chili powder	poudre pimentée aux sept épices
shime-saba	mackerel soaked in salt + vinegar	maquereau mariné dans du sel + vinaigre
shio	salt	sel
shio-yaki	grilled with salt	grillé avec couche de sel
shirataki	**konnyaku** noodles, without gluten (literally, white waterfalls)	nouilles **konnyaku** sans gluten (lit. cascades blanches)
shiru, -jiru	soup	soupe
shiso, me-jiso	beefsteak plant, like peppery mint	herbe aromatique, sorte de menthe poivrée
shōga	ginger	gingembre

DEUTSCH	ESPAÑOL	CHINESE	KOREAN
Zucker	azúcar	糖	설탕
frittiertes Fischlaibchen	torta frita de pescado	油炸鱼糕	어묵 튀김
Süßkartoffel	boniato, batata dulce	甘薯	고구마
Menü	plato combinado	定餐	정식
Rind + Gemüse Fondue in Brühe	carne de ternera + verduras que se sumergen en caldo hirviente	牛肉+蔬菜火锅	샤부샤부
Chilipulver mit sieben Gewürzen	condimento a base de siete especias	七香辣椒粉	시치미 고춧가루
in Salz + Essig eingelegte Makrele	caballa adobada con sal + vinagre	盐醋腌鲭鱼	고등어 식초조림
Salz	sal	盐	소금
gegrillt mit Salz	asado a la brasa con sal	加盐烤	소금구이
Konnyaku Nudeln, glutenfrei (wörtl. weißer Wasserfall)	fideos **konnyaku**, exentos de gluten (lit. cascadas blancas)	鬼芋面条, 除去面筋(粉条)	시라타끼 (콘나꾸 국수)
Suppe	sopa	汤	국
Shiso Perilla	hierba aromática parecida a la menta	牛排佐料, 有辛辣的薄荷味	소갈비 양념깻
Ingwer	jengibre	姜	생강

JAPANESE	ENGLISH	FRANÇAIS
shōjin ryōri	vegetarian Buddhist cuisine (literally, path of purity)	cuisine végétalienne bouddhiste (lit. voie de la pureté)
shōkadō bentō	formal **bentō** of four kinds of food	**bentō** de cuisine formelle aux quatre plats
shōyu	soy sauce	sauce de soja
soba	wheat and buckwheat noodles, usually with broth	nouilles de froment et de sarrasin
sōsu	any brown sauce	toute sauce brune
suki-yaki	**nabe-mono** of beef, vegetables + **shirataki**	**nabe-mono** avec bœuf + légumes + **shirataki**
suno-mono, -su	fish / vegetables + vinegar dressing	poisson / légumes avec vinaigrette
sushi, -zushi	vinegared rice + fish / with vegetables, often raw	riz au vinaigre avec poisson / légumes souvent servis crus
tai	red sea bream	daurade, vivandeau
takikomi-gohan	meat / fish / vegetables boiled with rice	viande / poisson / légumes cuits avec du riz
tako-yaki	griddle-fried balls of batter + octopus	petits beignets de poulpe cuits sur plaque en fonte
tamago	egg	œuf
tamago-don	egg **domburi**	**domburi** à l'œuf

DEUTSCH	ESPAÑOL	CHINESE	KOREAN
vegan. buddhist. Küche (wörtl. Pfad d. Reinheit)	cocina vegetariana budista (lit. camino de la pureza)	素食烹调风格 (纯净之路)	채식 요리 (샤큠)
Formelles **Bentō** mit vier Speisen	**bentō** formal, cuatro tipos de comida	四种食物的正式盒饭	쇼우카도 벤또 (4가지 모듬 도시락)
Sojasoße	salsa de soja	酱油	간장
Weizen- + Buchweizennudeln, meist in Brühe	fideos de trigo + alforfón, generalmente con caldo	小麦+荞麦面条, 通常用清汤	소바
jede braune Soße	cualquier salsa marrón	各种褐色酱	소스
Nabe-mono aus Rind + Gemüse + **Shirataki**	**nabe-mono** de ternera + verduras + **shirataki**	牛肉+蔬菜+ 鬼芋丝火锅	스끼야끼
Fisch / Gemüse + Essigmarinade	pescado / verduras + vinagreta	鱼/蔬菜+醋调料	생선 / 야채 식초조림
marinierter Reis + Fisch / Gemüse, oft roh	arroz con vinagre + pescado / verduras, a menudo crudos	醋米饭+鱼/蔬菜, 时常用生鱼	초밥
Nordische Seebrasse	besugo	红海鲤	도미
Fleisch / Fisch / Gemüse, m. d. Reis gekocht	carne / pescado / verduras hervidos con arroz	肉/鱼/蔬菜煮米饭	고기 / 생선 / 야채가 들어간 밥
Oktopus im Backteig, auf heißer Eisenplatte gebraten	albóndigas de pulpo + batido, cocinadas en una plancha	章鱼丸	타꼬야끼
Ei	huevo	蛋	계란
Ei **Domburi**	**domburi** de huevo	鸡蛋盖浇饭	계란 덮밥

JAPANESE	ENGLISH	FRANÇAIS
tama-negi	onion	oignon
tare, -dare	chef's sweet sauce, usually with **shōyu** / **mirin**	sauce légèrement sucrée, souvent avec **shōyu** / **mirin**
teishoku	set meal	menu fixe
temaki-zushi	cone-shaped **maki-zushi**	cornet de **maki-zushi**
tempura	deep-fried, battered prawns / fish, vegetables	beignets de crevettes / poisson / légumes
ten-don	**domburi** with **tempura**	**domburi** au **tempura**
ten-jū	lacquer box of **tempura** + rice	boîte lacquée contenant **tempura** + riz
ten-tsuyu	clear broth for dipping **tempura**	consommé pour tremper **tempura**
teppan-yaki	fried on hot iron plate set in the table	frit sur plaque d'acier aménagée dans la table
teri-yaki	grilled & glazed with sweet sauce	grillé avec sauce légèrement sucrée
tōfu, -dōfu	soybean curd	pâte de soja
ton-jiru	**miso** soup with pork + vegetables	soupe de **miso** avec porc + légumes
ton-katsu	deep-fried, breaded pork cutlet	côtelette de porc panée et frite

DEUTSCH	ESPAÑOL	CHINESE	KOREAN
Zwiebel	cebolla	洋葱	양파
süße Soße des Kochs, meist mit **Shōyu / Mirin**	salsa dulce, generalmente con **shōyu / mirin**	厨师用甜酱，通常用酱油/料酒	타레 (단맛이 나는 장)
Menü	plato combinado	定餐	정식
kegelförmiges **Maki-zushi**	**maki-zushi** en forma de cono	锥形寿司卷	마끼스시
Garnelen / Fisch / Gemüse im Backteig, frittiert	langostinos / pescado / verduras en gabardina crujiente, fritas	油炸的碎虾 / 鱼 /蔬菜	텐뿌라
Tempura Domburi	**domburi** de **tempura**	天妇罗盖浇饭	텐뿌라 덮밥
lackierte Box mit **Tempura** + Reis	caja laqueada de **tempura** + arroz	天妇罗用漆饭盒 +米饭	텐뿌라 덮밥 (네모난 통에 나옴)
klare Brühe zum Tunken für **Tempura**	caldo para untar **tempura**	用来蘸天妇罗汁	텐뿌라 전용 간장
auf heißer Platte bei Tisch gebraten	frito en una plancha de hierro empotrada en la mesa	在桌子上的热铁盘中炒	뎃빤야끼
gegrillt u. mit süßer Soße glasiert	asado a la barbacoa y glaseado con salsa dulce	用甜酱烧烤和挂浆	데리야끼
Tofu, Sojabohnenquark	cuajada de semilla de soja	豆腐	두부
Misosuppe mit Schweinefl. + Gemüse	sopa de **miso** con carne de cerdo + verduras	猪肉酱汤 +蔬菜	돼지고기 미소된장
frittiertes, paniertes Schweinekotelett	costilla de cerdo rebozada y frita	油炸，面包粉挂糊猪肉片	돈까스

JAPANESE	ENGLISH	FRANÇAIS
tori-niku	chicken	poulet
tsuke-mono, -zuke	pickles in salt / vinegar / other	pickles au sel / vinaigre / autres
tsukimi	with raw egg on top (literally, full moon viewing)	servi avec œuf cru (lit. pleine lune)
tsukudani	preserves of fish / vegetables reduced in **shōyu** and **mirin**	conserves de poissons / légumes réduites dans du **shōyu** + **mirin**
tsuyu	stock + **shōyu**	bouillon avec **shōyu**
udon	soft, thick wheat noodles	nouilles épaisses et tendres de froment
ume-boshi	salted Japanese apricot	abricot japonais salé
una-don	charcoal-grilled eel **domburi**	**domburi** d'anguille grillé sur charbon de bois
unagi, una-	freshwater eel	anguille d'eau douce
una-jū	charcoal-grilled eel in lacquer box	anguille grillée sur charbon de bois, servie dans boîte lacquée
usutā sōsu	Japanese "worcester sauce"	sauce brune très goûteuse
wakame	pale green flat seaweed	algues plates vert pâle
wasabi	green condiment like horseradish	raifort vert (condiment)

DEUTSCH	ESPAÑOL	CHINESE	KOREAN
Huhn	pollo	鸡肉	닭고기
in Salz / Essig / usw. eingelegt	verduras curtidas en sal / vinagre / adobos diversos	用盐/ 醋 /其它腌制的咸菜	소금/ 식초로 만든 피클 (장아찌)
mit rohem Ei obenauf (wörtl. bei Vollmond)	con huevo crudo encima (lit. vista de luna llena)	上打一个鸡蛋 (一轮圆月之意)	쯔끼미 (계란 노른자)
eingelegt. Fisch / Gemüse, in **Shōyu** + **Mirin** eingekocht	conservas de pescado / verduras + shōyu + mirin	浸泡酱油的鱼 /甜料酒	생선 / 야채 등에 간장을 넣어 오래 조린 것
Brühe + **Shōyu**	caldo + shōyu	汤+酱油	간장+국
dicke, weiche Weizennudeln	fideos gruesos y blandos de trigo	软的, 厚的小麦面条	우동
gesalzene japanische Aprikosen	albaricoque japonés salado	腌渍日本杏子	매실 절임 (신 맛이 강함)
Domburi mit Aal vom Holzkohlengrill	**domburi** de anguila a la brasa	炭烤鳗鱼盖浇饭	장어 숯불구이 덮밥
Süßwasseraal	anguila de agua dulce	河鳗	장어
Aal vom Holzkohlengrill in lackierter Box	anguila a la brasa en caja de laca	漆盒炭烤鳗鱼	장어 숯불구이 덮밥 (네모난 통에 나옴)
japanische Würzsoße	salsa japonesa tipo Worcester	日本"伍斯特酱"	묽은 돈까스 소스
Wakame, hellgrüne Alge	alga marina plana de color verde claro	海带	미역
wie Meerrettich	rábano picante verde	辣根佐料	와사비

JAPANESE	ENGLISH	FRANÇAIS
wa-shoku	any traditional Japanese food	toute nourriture japonaise traditionnelle
-ya	restaurant / shop (literally, vendor)	restaurant / commerce (lit. vendeur)
yaki-mono, -yaki	grilled / pan-fried	grillé / cuit à la poêle
yaki-niku	grilled meat, cooked at the table	grillade de viande, préparée devant les convives
yaki-tori	grilled, skewered chicken pieces	brochette de poulet grillé
yakumi	relish, condiment	condiment
yasai	vegetables	légumes
yose-nabe	mixed **nabe-mono**, especially fish / chicken / vegetables	**nabe-mono** varié, surtout avec poisson / poulet / légumes
yō-shoku	japanese-style western food	nourriture occidentale à la japonaise
yu-dōfu	**tōfu** boiled with kelp	**tōfu** bouilli avec du varech
yū-shoku	evening meal	repas du soir
zensai	appetizer	amuse-gueule
zōsui	rice, soup + meat / fish / vegetables	soupe de riz avec viande / poisson / légumes

DEUTSCH	ESPAÑOL	CHINESE	KOREAN
jede trad. japanische Speise	cualquier comida japonesa tradicional	各种传统日本食物	전통 일식
Restaurant / Geschäft (wörtl. Anbieter)	restaurante / tienda	餐厅 / 商店 (自动售货机)	음식점 / 상점 (자동수금기)
gegrillt / i. d. Pfanne gebraten	asado / frito en sartén	烧烤/轻炸	구이/ 튀김
bei Tisch gegrilltes Fleisch	carne asada en la mesa	桌子现烤烤肉	고기구이
gegrillte Hühnerstückchen am Spieß	brochetas de pollo a la barbacoa	烤鸡肉串	닭 꼬치구이
Relish	salsa, condimento	滋味,调味品	양념
Gemüse	verduras	蔬菜	야채
gem. **Nabe-mono**, bes. Fisch / Huhn / Gemüse	**nabe-mono** mixto de pescado / pollo / verduras	杂煮火锅, 特别是鱼 / 鸡肉 /蔬菜火锅	모듬 냄비, 특히 생선 / 닭고기 / 야차모듬
japanisierte westliche Speisen	comida occidental adaptada al gusto japonés	日式西方食物	일식 양식
mit Kelpalge gekochter **Tōfu**	**tōfu** hervido con algas marinas	豆腐煮海带	두부 미역 데침
Abendessen	cena	晚餐	저녁식사
Häppchen	aperitivo, tapa	开胃菜	전채
Reissuppe + Fleisch / Fisch / Gemüse	sopa de arroz + carne / pescado / verdura	米饭汤 +肉/ 鱼 /蔬菜	국밥 + 고기/ 생선 / 야채/ 생선/ 야채와 함께 국에 넣어 조린것

Published by: Cross Media Ltd. 66 Wells Street, London W1T 3PY, UK
TEL: 0171-436-1960, FAX: 0171-436-1930 www.eat-japan.com
Project manager: Kazuhiro Marumo Editor: Jacky Rodger, Yoko Takechi
Designer: Misa Watanabe Photographer: Teruyuki Yoshimura
Thanks to: Arigato Supermarket (London), Utsuwa-no-yakata (London), Matsuri St. James's (London), Nobuāki Moriyama, Yukiko Tajima   Photography and text © Cross Media Ltd. 2003
Printed in Japan
ISBN: 1 897701 09 8